JN144544

Who Is Man?

新版

人間とは誰か

A・J・ヘッシェル
中村匡克［訳］

日本キリスト教団
出版局

WHO IS MAN ?

by Abraham Joshua Heschel

Translation by NAKAMURA, Masakatsu
by permission of Farrar, Straus & Giroux

Japanese Translation Edition by
The Board of Publications
The United Church of Christ in Japan
Tokyo, Japan

スタンフォード大学　レイモンド・フレッド・ウェスト記念講演　一九六三年

永遠性、人間の行為、人間の運命を論ずるレイモンド・フレッド・ウェスト記念講演会は、シアトル市在住のフレッド・ウェスト夫妻が令息をしのんで、一九一〇年設けたものである。

ハンナ・スザンナに捧ぐ

歴代誌上二八章九、二〇節

著者の序

以下の研究は、一九六三年五月、スタンフォード大学においてレイモンド・フレッド・ウェスト記念講演として講述したものを発展させたものです。

この書では、特に多くの重要な人間問題の諸相が論じられているのではありませんし、またその他に扱った問題でも、非常に簡単にしかふれていません。しかし、さしあたって、私が関わってきた、より包括的な研究への序説の役割を果たすことにはなるでしょう。

A・J・H

一九六五年一〇月

目次

著者の序　5

第一章

人間の立場で人間を考えること　13
私たちはありのままに生きているか　18
存在の一部としての自己認識　21
人間で在ること（ビーイング・ヒューマン）の意味　25
問題（プロブレム）としての自己　29
人間への関心　31
人間で在ること（ビーイング・ヒューマン）の論理　36

第二章

人間の定義あれこれ　39
何を知ろうとしているのか　44
人間性の破滅　52
人間で在ることはどういうことか　56

第三章

かけがえのないこと　65
唯一無二（ユニークネス）なこと　70
機　会　74
非究極性　76
推移変遷（プロセス）と出来事（イヴェンツ）　79
孤独（ソリチュード）と一致（ソリダリティ）　82

互恵作用　84
尊　厳　88

第四章

意味の次元　91
人間で在ることの本質　100
存在と意味　117
存在と生きること　119
人間の意味とは何か　126
人間を探究する意味　128
神秘の彼方にある意味　131
超越的な意味　134

第五章

操作(マニピュレーション)と感謝(アプリシエーション) 139
超越性の否認 143
実存と便宜主義 146
言うに言えないことの感覚 149
現存在(プレゼンス) 153
情念(パトス) 155

第六章

いかに生きるべきか 161
存在とは服従である 166
連続性 168
人間で在ることの不安定さ 171

この世で挑戦(チャレンジ)を受けること 176
求められていること 180
負債のあること 182
問われているという体験 186
我命令される——故に我在り 188
困　惑 190
称　賛 194

訳者あとがき 202

解説——〈呼ばれて在る生〉の歓び（竹内　裕） 206

装丁　桂川　潤

人間とは誰か

第一章

人間の立場で人間を考えること

疑問(クエスチョン)を抱くこととは知的な行為であり、問題(プロブレム)に直面することとは人格全体に関わる状況(シチュエーション)です。疑問(クエスチョン)は知識を渇望することから生じ、問題(プロブレム)は、当惑し、あまつさえ苦悩する状態を反映します。疑問(クエスチョン)は答えを求め、問題(プロブレム)は解明(ソリューション)を求めます（この語は、「解きほどく、解き明かす」を意味するラテン語ソルヴェレ solvere より生じています）。

真の問題(プロブレム)というものは、単なる好奇心から生じてくるようなものではありません。ある問題(プロブレム)はある状況(シチュエーション)の産物です。それが生じるのは、困難な状態や知的に困惑する瞬間において、緊張、葛藤、矛盾を経験する時です。

問題というものの意味を理解し、その緊迫性を正しく評価するためには、私たちが内省する中で、その問題の生じてくる緊張・緊迫した状況、その起源と産みの苦しみ、動機づけ、当惑の相、問題を経験することの多様性、問題と対決しそれに没頭することの必要性などを、生き生きと保っておく必要があるのです。

一つの問題を明確にし、探究し、伝達するためには、その問題を言葉に言い表わさなければなりません。なぜなら、驚きの瞬間を論理的な言葉に直してみなければ、このような瞬間に思惟されたことの、主観を超えた妥当性を試す可能性もないし、また、主観相互間の伝達の可能性もないからです。

しかし言語化という行為は、その問題が生じる状況から問題を抽出することになります。しかしながら、言語化された疑問を、私たちが直面している問題と同一視してはいけません。というのは、このように状況から概念化へ移行する過程の中に、問題が歪曲化されたり、また、さらに失われたりする危険な瞬間がたえずあるからです。何度も推測を重ねすぎると、不十分な接触で伝わってきた音を遠くから分析するようなことにもなりかねません。私たちは、自分の提起した様々な問いを解明してくれるような経験とか洞察から離れたり、また、それらを忘れ去ったところで、問いを定式化しようとしたり議論しようとしているのです。

現代哲学の大部分が行きづまっているのは、一つには、現行の概念化が、哲学することを喚起している状況とあまりにもかけ離れているので、概念化によって得た結論が当初の問題とは無関係のように見えるからです。結局のところ、人間が哲学のために造られたというよりも、哲学が人間のために造られたのです。

疑問（クエスチョン）は、知っていることがあまりにも少ないこと、もっと知ろうと願うことによって生じます。ところが問題（プロブレム）は、しばしば知っていることがあまりに多いゆえに、その知識が互いに対立し主張しあう葛藤によって生じます。疑問は好奇心の産物ですが、問題は知識の困惑を反映しています。

人間の人間性（ヒューマニティ）について内省しようとする衝動が生じるのは、知的好奇心からだけではなく、良心からでもあります。それは不安によって引き起こされるのであり、ただ単に、哺乳動物の生き物に関する情報量を増やそうとする願いによるものではありません。

私たちが人間の問題に関心を抱くのは、人間が矛盾と当惑に悩まされている存在であるからであり、完全に環境の一部になりきれないからであります。適切に飼育された良馬は、その生息地の一部として生き、様々な問題に悩まされるようなことはありません。それとは全く対照的に、人間は本質的に、かつどんな状況下においても一つの問題体（プロブレム）なのです。人間で在（あ）ることは一個の問題体であることであり、その問題体は人間の苦悶、精神的苦悶の中で表われます。あらゆる人間存在（ヒューマン・ビーイング）は、みな少なくとも、人間性（ヒューマニティ）とはどのようなものであるべきなのか、人間本性（ヒューマン・ネイチャー）はどのように行動すべきものであるのかなどについて、漠然とした考え、イメージ、夢を抱いています。人間の問題が生じるのは実存（エグジステンス）と期待（エクスペクテーション）に、すなわち人間が実際に存在するところと、人間に期待されているものとの葛藤と矛盾に、私たちが直面することによります。人間が自分自身にとって一つの問題となるのは、まさに苦悶の中においてであります。長い間人間が無視していた問題が、苦痛に満ちた意識の中で突然噴き出してくるのです。

これからの考察の中で、人間は仲間の人間に対して何を意味するのかということだけではなく、自分自身に対しても何を意味するのかを考えることになるでしょう。人間の動物性（アニマリティ）はかなり明確に把握することができます。しかし人間の人間性が何を意味しているかを明確にしようとすると当惑を覚えだすのです。

私たちが意図していることは、意味論的問題として言葉を分析することではなく、むしろ現実とか状況について探究することです。人間で在ること（ビーイング・ヒューマン）とは、単に知的概念に関する表現であるばかりでなく、人間の特殊な存在様式に関する状況、一連の状態、感受性、様々な必要前提条件でもあるのです。

私たちは、ただ人間の条件の中で、すなわち人間の立場で（*more humano*）人間を考え、かつ下等生物の研究の中で展開される範疇などを用いるのを差し控えた時、はじめて人間を適切に理解することができるのです。たとえば、生存競争も動物の場合と人間の場合とでは同一ではないのです。

熱烈なダーウィン主義者のアーサー・キース卿は、一九三一年にアバーディーンの自分の学生たちに、「自然が自分の人間果樹園なるものを健全に保っているのは、それを刈り込むことによってである。戦争はその刈り込みの鎌(かま)である[(1)]」と語りました。あるドイツ人将軍の言葉によれば、「戦争は第一、生物学的に最も必要なものであって、人類生活上の調整の要素である。之れ無くして、健全なる発達は望み得べからず、……否、ただに生物学上の法則のみではない、実に道徳上の義務である、厳密に言へば、必須欠くべからざる文明の要素である[(2)]」とのことです。トライ

---

(1) 「ニューヨークタイムズ」一九五五年一月八日号、死亡記事より。

(2) フリードリッヒ・フォン・ベルンハルディ Friedrich von Bernhardi 著『ドイツと次期戦争』*Germany and the Next War*(ニューヨーク、一九一四年)第一章。〔邦訳:ベルンハルヂー『独逸と次の戦争』(抄訳)冨山房編輯局訳、冨山房、一九一四年、六頁、二一頁、仮名遣いは同訳のまま〕

チュケ[訳注1]は、「神は戦争が常に人類の霊薬として循環的に起り来ることを知りたまふであらう[3]」と語っています。

私たちが関心を抱いているのは、人間の実存の全体についてであり、ただ単に、あるいはただ基本的に、そのある局面についてだけではありません。膨大な科学上の努力が捧げられることにより、人間の生の多彩な局面の探究――たとえば、人類学、経済学、言語学、医学、生理学、政治学、心理学、社会学――が行なわれます。しかし、人間の機能と欲求とをそれぞれ孤立させて取り扱うような専門的な人間研究は、人間の全体性を特定の機能とか欲求の観点から見ようとする傾向にあります。実際、そのような手順のもたらす結果は、人間についての知識を粉々に粉砕することを助長し、人格(パーソナリティ)を断片化させ、換喩的(メトニミカル)に誤解させることとなり、部分を全体と間違えることとなります。果たして、人の全体性に内在するすべての衝動の相互依存作用を無視して、一つの衝動をそれぞれ別々に理解することができるでしょうか。

私たちはありのままに生きているか

私たちが物事を知ろうとするのはどういうことでしょうか。人間に関する知識は何を目的としているのでしょうか。私たちが人間について疑問を提起する時、どのような知識、またはどのような知識の対象を問うているのでしょうか。人間についての問いによって、何を達成しようと望んでいるのでしょうか。

人間は白紙状態の板きれ（*tabula rasa*）ではありません。他の物とは違って、自分自身を知ろうとする願望は人間存在の一部であります。自分自身を知るためには、まず自分自身に問わなければなりません。このことは自己認識を問うことを意味し、生まれつきの思考である自惚れに対する私たちの自己陶酔的関係を、混乱させることになるかもしれません。このような問いを提起することは、答えへの道を探る以上に大切なことです。それは、いわば大きな突破口となります。

人間に関する哲学の務めは、人間存在の本性の説明としては、適切には定義することはできません。それは説明でもあれば批評でもあるし、人間存在の現状を提示することでもあれば、その可能性を明示することでもあるのです。私たちの思惟の方向は、人間存在についての疑問を提起するだけではなく、人間存在それ自体を問うことに向かっています。すなわち、人間のあるべき

〔訳注1〕 ハインリッヒ・フォン・トライチュケ Heinrich von Treitschke は権力国家思想を唱えたドイツの歴史家、政治家。一八三四―一八九六年。

（3） 同書一七頁。〔邦訳五〇頁〕

なのです。

姿について、直観的に期待したり幻(ヴィジョン)をいだいたりして、私たちのありのままの姿を問うこと

人間存在というものは、単なる存在以上のものを含んでいるのであり、何かを意味しているのです。不明瞭で、抑制され、無視され、歪曲されている人間存在の中では、何かが危険にさらされています。どのようにして私たちは人間の適応という殻を打ち破ることができるのでしょうか。どのようにして適応というものが人間の最終的使命なのかどうかを問うことができるのでしょうか。私たちは人間の行為を研究しますが、その時、人間らしいとまどいを無視してはいけません。私たちは表現を分析しますが、その時、感じていることをも表現できてはいないのだという事実を無視してはいけません。私たちは人間の気持ちよりも、人間の所有している物のことの方をよく知っています。私たちは行動を説明しますが、その時、人間がどのようにして自分の行動を心の中で関係づけているのかを、必ず見極めなければなりません。

私たちはありのままに自分の生を生きているのでしょうか。それとも所有しているもののために生きているのでしょうか。あるいは何を所有しているかによって生きているのでしょうか。むずかしいのは、私たちが人間の人間性(ヒューマニティ)についてほとんど何も知らない、ということです。人間が作る物については知っていますが、その人間のありのままの姿は知らないのです。たとえば、

道具を作ったり考えたりする動物として人間を特徴づける場合も、人間の機能については言及されますが、人間の存在そのものについては言及されません。私たちの文明全体が、人間に関する誤った解釈の上に存在しているとは考えられないでしょうか。また近代人の悲劇は、人間が「人間とは誰か」という問いを忘れた存在となっている事実による、とは考えられないでしょうか。自分自身を認知（アイデンティファイ）することもできず、正真正銘の人間実存（ヒューマン・エグジステンス）が何であるかも知ることができないために、自分自身を誤った姿で認知したり、存在し得ない者になり得ているようなふりをしたり、自分の存在の根底に横たわるものを認めることができなくなります。人間に関する無知とは、知識の欠如にではなく、知識の誤謬にあります。

存在の一部としての自己認識

人間は自分のことを知りたいとか知りたくないとかということを、自由に選ぶことができません。人間はどのような場合でも必ず、自分自身についての一定の知識や先入観念、自己解釈の基準を持っているものです。逆説的に言えば、人間は自己に対しては不明瞭なテキストなのです。自己の存在、自己の行動が何かを意味していることは分かっていますが、その自己の存在自体を解釈するように求められると、いぜんとして当惑してしまいます。理解できない言葉で書かれたテキストの一語一語を読んだところで不十分ですし、また、それは重要で不可欠でしょうけれども、人間の表面上の行動を観察し詳しく説明したところで不十分です。人間はそのようなことをもまた、自己の内なる生よりも大きな状況の中で解釈するに違いないからです。

一体何が、人間実存についての正しい解釈方法でしょうか。

哲学者の第一の務めは、人間の現実の行動形態と様々な実相を、単に記述し判断することだけではなく、その行動形態と実相とを記述し判断することの意味を吟味し、理解することでもあります。私たちが人間の行動を判断するのは、明らかに動物のカバなどには適用されないような基準によってです。この基準が不公平だなどということは、ありえないのではないでしょうか。私たちは人間に期待しすぎたり期待しなかったりしている、ということが考えられないでしょうか。人間は過去、現在、未来と、いつも野獣のままでしょうし、野獣的なもので人間と無関係なものは何もないのです。しかし、そのような警句は理性的にはもっともなことだと思えても、直観的には反感を感じさせます。その反感は、人間存在としての私たちの存在に内在的なものなのでしょうか。また非野獣的基準を受け入れることは、私たちの野獣的本能を防衛するために考えられた戦術なのでしょうか。

人間について問いながら、私たちは人間存在として自分自身について知っていることを問うているのです。この自己認識こそは人間存在の一部なのです。それゆえに、自己を知ることと自己で在ることとは分離できないのです。

すべての形ある存在と同じように、人間も物理的空間に場所を占めています。しかしながら、他の存在とは違って、人間の真の実存は内的空間に基づいていることです。地理が物理的位置を決定するように、人間の思惟はその人間の個人的位置を示しています。私たちの考える思惟は、部分的にも全体的にも、私たちの位置している場所を示しています。私たちの考える思惟は、内面的生の空間であり、そのことを理解しています。人間は自分の思惟の中で存在し、特に自分自身の自我を知り理解するような方法の中で存在しています。人間の思惟は人間の位置を示しています。人間の本性の中には、自分が何者であるかを考えている、という事実が含まれているのです。

単にその対象を知ろうとするような事物の理論とは異なり、人間論はそれ自体が対象を形成し、対象に影響を及ぼします。人間についての記述は、人間の内的空間に磁性を与えるのです。私たちは人間の「本性」を説明するだけではなく、それを構築するのです。すなわち、私たちは、自分が自分自身について考えているものになるのです。

私たちは、文化に対して「自然」という語を、人工のに対して自然のという語を使いますが、後者は人間の行為によって変化も影響も受けず、計算も意識的計画もなく、完全に自然のままで、それが生じたままの状態でとどまっていることを意味しています。この意味では、自然な人間というのは、神話であり言葉上の矛盾であります。なぜなら、人間は文化という行為により、また、自然の状態を変えることにより、人間となったからであります。

　素朴で堕落していない状態における人間本性（ヒューマン・ネイチャー）が、私たちに与えられているのではありません。私たちが出会う人間は、すでにある形像（イメージ）やある人工物で、刻印を押されています。他のすべての存在と違って、人間存在には他者の存在を意識するだけではなく、自分自身の存在をも認識する力が与えられています。認識するということは、他の存在との関連において自分の特定な位置を意識することを意味しています。自分をどうしようとするかについての概念の前提には、人間が自分自身の形像（イメージ）を持っているということがあります。

　人間の本性を、孤立した「一つの実体」として取り扱うことができるかどうかは疑問です。行動というものは、そのような実体内の作用で決定されるだけではなくて、社会に広く行き渡っている諸々の力の基準、また、外界からの異質的な圧力によっても決定されるのです。与えられているものは複雑です。行為と動機に影響を与えるような決定、規準、趣向は、単に人間本性の一部なのではありません。それらの決定、規準、趣向が決められるのは、私たちが現に関わっている人間の形像（イメージ）や、また自分自身が関わろうとしている最後的な状況によります。人間には驚くほどの深い感受性、一致性、善人性が与えられています。人間は決して完成することがなく、不変でもありません。人間性というものは、人間が自我の深奥で出会うようなものではありません。人間はいつも従うべき見本や手本を求めています。人間が人間で在ることを決定するものは、その人間が選びとる形像（イメージ）です。

このように、人間論の真髄は創造的であるのか、または見当はずれをしているのかのどちらかであり、単に説明的であるということはありえません。星についていくら議論しても、そのこと自体は決して星の存在をもたらしません。しかし、人間についての議論は人間の意識の中に浸透してゆき、人間の自己理解を決定し、その人間の存在自体を改変させるようになっていきます。人間についての形像（イメージ）は人間の本性を左右します。どのように人間本性から人間の形像（イメージ）をつきとめようとしても、結局は、その中にもともと注入されていた形像（イメージ）を抜きとることぐらいにしかなりません。

人間で在ること（ビーイング・ヒューマン）の意味

諸々の科学は人間を取り扱っていますが、その研究には代用がききません。しかし、何が人間の人間性に独自なものであるかを明確にする研究、すなわち、前記の諸々の科学の領域を超えた研究を緊急に行なう必要があります。

観察し、記述することによって、行動科学は行動に関する心理学的・生物学的・社会学的な諸々の事実と様々な形態（パターン）についての知識を豊かにしてくれました。しかし、忘れてならないことは、動物とは対照的に、人間は行動すると同時に、自分がどのように行動するかを内省する存在である、ということです。自分の行動に対する感受性、その行動に疑問を抱く能力、また、行動を不可逆的で不変不易の最終的な事象より専ら成り立っている一つの構造であると考えないで、むしろ、一つの問題（プロブレム）として考える能力は、人間で在ることの本質的資質であります。人間の心にとっては、人間の行動は疑う余地のない不変不易な事柄であるというよりは、むしろ問題（プロブレム）なのであるという事実こそは、単なる外面的行動の諸々の事象としてばかりではなく、内面的活動の資料としても重要なのです。

実証主義の行き過ぎ、正確であろうとし、測定の対象となる「厳然たる」諸々の事実に傾聴しようとする願望などのために、行動自体の目的が消失してしまうかもしれません。このため、諸々の事実の背後にある真実が見えなくなります——すなわち、人間を人間たらしめているのは、単に機械的・生物学的・心理学的な機能ではなくて間断なく決断する能力である、という真実が見えなくなります。それまでの決断・決定や、続いて起こる反応・内省だけではなく、同時に起こる諸々の態度から切り離しては、生の中で示される諸々の事実を正確に説明することはできません。

ある行動形態（パターン）を厳密に質問の形式で提起させることができるからといって、その行動形態（パターン）を単純明快な事実と考えてしまうと、知的に息づまりを覚える推測になってしまいます。しかし、行動形態（パターン）を、あたかも幽霊都市や住む生物もいない建物の塊のようにみるのは誤っていないでしょうか。人間の行動形態（パターン）は、過ぎ去った生活にとっての単なる一つの記念碑ではなく、生命に満ちあふれたドラマです。それは模索し、動揺し、前進するばかりではなく、一つの組織体（システム）でもあり、また、それは激発し、逸脱し、矛盾するばかりではなく、固定してもいるのです。しかし、それは最終的な秩序ではなく、種々の要因によって条件づけられ、操作され、疑われ、挑戦を受けて導かれる一つの過程でもあります。

行動に関する事実研究の方法が洗練され容易になればなるほど、人間の計り知れない面を徹底的に探究するに際して、知的大胆さが一層欠如してくるようになります。

もし人間存在の事実ばかりを考えて、人間存在の内部で危険にさらされている事柄を無視するならば、私たちの人間理解は危険で不完全なものとなります。人間の実際的行動の事実は明示されていますが、危険にさらされている事柄はむしろ暗示的なものです。行動形態(パターン)は統計的正確さをもって、容易に観察し指摘することができるので、私どもは人間のすべての事柄を明示的に、明確に、観察しうる姿に還元するきらいがあります。

しかし、人間の本質を明示されたものと同一視するのは間違っています。人間存在の力と秘密は、人間が自分を表わすために創り出す器の中に存在しているだけではなく、語られず明示されず、沈黙のうちに言うに言われず、表現することをも寄せつけない意識の行為の中にも存在しているのです。

物理的な事柄は、客観的性質から定義することができます。ところが、人間というものは、その全体的状況の観点、また、答えを求められているという要請の観点からしか理解できません。人間の中心問題はその本性にあるのではなく、その本性を用いて何を行なうかにあります。

それゆえ、人間存在を人間本性に還元してはなりません。人間存在ということ自体が切実な要請でもあれば一つの事実でもありますし、また、一つの機会でもあれば与えられた一つの星座でもあります。それは答えへの挑戦(チャレンジ)を受けているという関係においてのみ理解できます。それが含意していることは、人間実存の内側を通過する驚異と出来事(イヴェンツ)ばかりではなく、その実在の諸々の事実にかかわる過程と構造でもあるということです。

問題(プロブレム)としての自己

それゆえ、私たちの意図は、人間行動の全体的領域と形態(パターン)を探究し叙述することに専念することではなく、目標と方向を確認し、叙述することの中に含まれているものに疑問を抱き、様々な問題を提起することにあります。問いかける作業を通して、人間で在ることの唯一無二性(ユニークネス)を特徴づけている存在様式を探究します。たとえば、何が人間実存を構築しているのでしょうか、どのような状況と感覚が人間で在ることの構築に必要的なものでしょうか、と。

人間が自分自身の自我に関わる時、決して中立的であったり無関心であったりはしません。愛と知識、価値判断と事実に関する叙述は、自己認識を確立する時に切り離すことができません。自己を認識することによって、容認するか拒絶するかということが具体的に表われてきます。人間が自己と関わる時、価値に対してある基準も持たず選択もしないようなことは考えられません。叙述的と規範的、分析と評価、観察と解釈の厳密な対照を考えていると、人間で在ることを確立しようとしている過程の中で、その関連性を見失います。

人格的実存に関する諸々の事柄は単に与えられているものではなくて、自己理解による知識によって与えられたものです。なぜなら、すべての自己理解による知識の行為は、価値判断、規範、決断を用いていることを意味しており、選択し注意していることの結果でもあり、特定の視角を反映しているからです。かくして、私自身の実存に関する諸々の事柄でさえも、私の生き方と自己理解の様式を決定する解釈との関連により、私に明らかにされます。

　厳密に諸々の事実を叙述する範囲内で、自己理解を行なうことはほとんどできません。なぜなら、自己それ自体は、事実と規範の一つの合成体であり、どのように在るべきかを意識していることと現に在ることとの合成体でもあるからです。人間で在ることの本体は価値であり、価値は人間存在に内在しているのです。

　これまで述べてきたように、人間の問題（プロブレム）は、実存と期待しているものとの間の矛盾や葛藤に私たちが直面する時生じてきます。かくして、自己理解の根底は、問題（プロブレム）としての自己を認識することにあります。その認識は批判的な反省としても作用します。自己満足を排除し、自己に問いかけ、自己の行為と特質を問いただすことが、自己理解の第一の動因です。

　自己理解は完全に自己判断に基づいてなされ、観察すなわち自己観察と同一視されてはなりません。自己についての単なる叙述、単なる独断的承認は、結局人間を問題化しないことになり、実際には自己理解をやめることにもなります。すなわち、人間で在ることが問題であり続けるなら、専ら用いられている叙述方法では、せいぜい自己観察ぐらいしかできず、問題を取り扱うことなどは不可能である、ということを私たちは認識しなければなりません。

人間への関心

驚異(ワンダリング)を覚えることは人間存在の一形態です。しかし、驚異を覚えることはまさにさまようこと(ウォンダリング)であり、あてもなく動いたり徘徊したりぶらついたりすることかもしれません。驚異を覚えることを疑問の水路に流し込むことによって、心の中に一つの様式と手順とが課せられます。

問いうる疑問は一つならずあります。どの疑問を選ぶかにより探究の傾向が決まります。換言すれば、疑問はそれぞれ一つの先入観にとらわれた様式を取っており、その様式も一つならずあります。一つの様式は混沌とした驚異の思いを整理し、あらかじめ、テーマについての思惟の過程を決定します。

疑問は答えの変形したものであるということを知るのが知恵の最低条件です。そしてこれは、すべてのあらゆる人に、何のために私はここにいるのだろうか、私のこの実存の中で何が問題となっているのだろうか、という疑問の形をとって生じる思惟です。この疑問はいろいろな前提から生じたのではありません。実存と共にあるのです。自分自身にとって問題である人間というものは、自分の実存を当然と考えてはいけないのです。

私たちはいつも最初から出発しなければなりません。最も重要な問題というものは、代用品で決めることができません。答えは一度も確立されていません。私たちはみな、同じ疑問を熟慮し、同じ難問にぶつかり驚いています。幼児期、青年期、成熟期を通過しなければならないと同じように、危機、困惑、煩悶を経験し、この根本問題と格闘しなければなりません。

人間について問う時、私が心に抱くのは、その本質についての疑問だけではなく、私たち自身が見出す具体的な状況、人間の問題を新しい光の中に置いてくれる状況についてでもあります。この論議は古くから存在していますが、その展望を得ることは緊急事です。現代にとって新しいことといえば、人間の状況の恐るべき深刻さについて、前例のないほどの認識を私たちが持っていることです。今日、私たちが真剣に問いかけている疑問、たとえば、私たちが最後の世代となるのでしょうか、今はまさに西洋文明の最後の時でしょうか、といった疑問は、二十年前[訳注2]ならば全くばかげたことのように思われたでしょう。

アウシュヴィッツとヒロシマの後では、哲学は同じものではありえません。人間性について、ある種の推測はまやかしであることが分かり、粉砕されてしまいました。長い間、普通のことと考えられていたことが、ユートピア的思想であることが分かりました。

哲学は、私たちがよって立つべき知恵を適切に与えてくれなければなりません――それは研究室の孤独の中だけではなく、肝をつぶすような残酷と悲惨な脅威に直面している瞬間においても、当てはまるものでなければなりません。人間についての疑問は、学問の殿堂の中だけではなく、絶滅収容所に投獄されている入獄者の面前においても、また、核爆発によるキノコ雲の見えるところにおいても熟考されなければなりません。

人間の生命の中で何が起こり、どのようにして生命をつかまえることができるのでしょうか。私たちはいかに生きるべきかを知ろうとして、問いかけているのです。

この私たちの探究の質は、他の種々の探究とは著しい対照をなしています。私たちは他の種々の問いを好奇心から調べますが、人間に関する問いは人格的な関わりあいから生じてくるのです。他の問いでは問う人と主題とは別個のものです。たとえば、私はロッキー山脈なるものを知っていますが、私自身はロッキー山脈ではありません。しかし、自分自身についての認識に関して言うならば、私自身というものが、知りたい当の対象です。すなわち、存在と認識、主体と客体は

〔訳注2〕この講演は一九六三年になされたものである。二十年前はまだ第二次世界大戦中であり、ナチスドイツによる絶滅収容所の実態も明らかになっておらず、原子爆弾も投下されていなかった。

同一のものなのです。これまで観てきたことは、すべての人間理解は自己理解から生じており、かつ、人間は自分自身の自我から決して離れることができないがゆえに、人間の人間性について内省を加えながら完全に分離した関係でいることはできない、ということです。

人間の状況について最も価値ある洞察が得られるのは、忍耐強い自己反省とか組織だった精密な調査によってではなくて、むしろ劇的な挫折に対する驚きと衝撃によってです。実際、急激な内省が生じるのは、通常、挫折の結果であり、危機と自己幻滅を覚える瞬間であり、また稀には人間の栄光に輝く偉業に驚嘆する時です。

今はまさに、恥と苦悶と嫌悪の情を覚えないでは、人間の状況を考えることができない時代であり、悲痛と絶えざる心痛を覚えないでは、喜びを味わうことができない時代であり、困惑の極みを覚えないでは、人格的な勝利を観ることができない時代です。

なにゆえ私たちは人間について問いかけるのでしょうか。それは自明のこととして受け入れてきた人間についての知識が、温度がごく僅かでも上昇すると破壊する泡の塊のようなものにしかすぎないことが分かったからでしょう。人間自身のことがあらわにされたため、落胆の中で過ごしている人間もいるのです。

私たちの時代の病は、神経の破産というよりは良心の破産です。私たちの良心は同じものではありません。良心は、それ自体の破綻のため無意味となり、受けている挑戦(チャレンジ)の極度の複雑さのためにゆらぎ、オートメーションに屈服するようになります。私たちのすぐ後の時代に対する楽観主義が愚かであるのと同じように、すぐ前の時代を誇ることは無神経であります。啓蒙時代〔訳注3〕には、哲学の主な関心は人間を過去の束縛から解放することでした。今日、私たちの主な関心は未来の奈落から自分を守ることにあるようです。

人間の苦境に心動かされないで人間の状況を見きわめることはできません。人間は生物学的には完全なものですが、本質的には無力感、不満感、劣等感、恐怖感で苦しんでいます。外見上、人類(ホモ・サピエンス)は満足しきって逞(たくま)しい様子を呈しているかもしれませんが、内心は貧困で傷つきやすく、いつも惨めさの淵にあり、精神的にも肉体的にも苦しみを感じやすいのです。皮膚をひっかいてごらんなさい。そうすれば死別、苦悩、不安、恐怖、痛みを目撃することができます。その外見と実態との不均衡が、社会的統合状態となっています。いわば抑圧されることは、社会に受け入れられるために人類が支払っている代償なのです。順応することは、思いがけない保護を受

〔訳注3〕 啓蒙時代とは十八世紀、ヨーロッパの合理主義の哲学運動が盛んだった時代のこと。

け、良心が譲歩していることを示し、避けることのできない偽善に同意していることを意味しています。実際、それはしばしば「静かなる絶望の生」です。

人間で在ること(ビーイング・ヒューマン)の論理

ここでの目標は、人間で在ることの論理を探究することです。人間で在ることとは、どういうことでしょうか。人間存在が行なっている人間で在るということの主張を正当化する根拠は、何でしょうか。人間の人間性というものは、明白な一つの直観であり、かつ、根源的な人間の前提なのであって、ちょうど数を数えたり二本足で歩いたりする能力と同じように、人間には内在的なものでしょうか。あるいは、それは気まぐれな夢であり、心理学的には派生(デリヴァティヴ)現象と説明される変わりやすく偶発的・付随的な心理状態なのでしょうか。言いかえれば、人間で在ることは、存在の必然性として人間の「本性(ネイチャー)」に属するものでしょうか。また、それは随伴現象であり、容易に払拭される二重がさねの化粧板でしょうか。

私たちが人間性を経験する中で明らかにされることに対して、私たちは驚きの眼を向けて立っています。人間で在ることは、一つの現実です。人間が人間で在ることを構築しているものは、その人間の本質的感受性や自分が認識する諸々の現実――我である存在、我をとりまいている諸々の存在、我を超越している存在などの現実に応答する形態や、さらに明確には、その人間が人間で在る実存に、仲間の人間の実存に、自分の身近な環境の中で与えられている事柄に、存在はしているが身近には与えられていない事柄に、どのように関与しているかです。

その人間の事実性（ファクティシティ）においては、人間で在ることの概念は漠然とし混乱しています。それらの概念は、しばしば、決断の中よりは気分的なものの中で考察されます。それでは、これらの概念には存在論的妥当性があるのでしょうか。人々は栄養の必要性に気づくよりもはるか前から食物を取り続けています。だが、食物の摂取を単なる心理上の必要事と考えるなら、それは誤りでしょう。人間で在ること（ビーイング・ヒューマン）を排除するならば、必ず人間存在（ヒューマン・ビーイング）を排除することになるでしょう。人間存在と人間で在ることの間には、存在論的関連があります。たとえば、人生の意義を認識することは、単に心理学的に必要なことではなくて、まさに人間が人間で在ることの一部なのです。

人間で在ることと人間存在とは互いに依存しあっていて、人間で在ることの構成要素は、本質的に人間存在の諸々の事実と動因とに関係づけられています。私という実存を考える時、私は何を認識しているのでしょうか。人間で在ることとしての自分の実存について、何を感じているのでしょうか。

繰り返して言いますが、人間で在ることは、人間存在の必要条件としては本質的なものです。

それは明示的には与えられてはいず、経験によって解明されるものです。

　私たちの探究はこのような認識の内容分析から始まらなければなりません。この根源的洞察についての人間の理解の中に、一つの形態（パターン）が見出されるでしょうか。私たちが「人間で在ること（ビーイング・ヒューマン）」という時、何を意味しているのでしょうか。私たちは恒久的洞察についての変わりゆく意味を、または、変わりゆく洞察についての恒久的意味を直視しているでしょうか。私たちは少なくとも、自分が大切にしているある種の意味に対する二者択一を拒むのに同意できるでしょうか。人間で在ることと矛盾するような考えに同意できるでしょうか。「人間の（ヒューマン）」という言葉は、様々な場合で繰り返し用いても同一の意味を保持していると、私たちは決めてかかっています。必要条件には、何かしら恒久的・必然的・本質的な特質があるのでしょうか。私たちは、どのようにして漠然と感じているものを明瞭に言語化することができるのでしょうか。

第二章

人間の定義あれこれ

私が人間について尋ねる時、誰のことを意味しているのでしょうか。他人のことだけではなく、自分自身のことをも意味しているのです。問いかけている主体は、私のごく近くにあります。私はそれを感知するだけではありません。私がその主体について語っているだけではなく、私自身が主体そのものなのです。他者を知るためには、自分自身を知らなければなりません。それは、他者を理解することが、自分自身を理解するためには必要な先行条件であるのと同じです。

デルフォイのアポロ神殿の門に刻まれていた「汝自身を知れ」という格言は、神々との関係における自己認識を指していました。すなわち、「汝は人間であり、それ以上のものではないことを知れ」――これは傲慢（ギリシア語でヒュブリス）に対する警告であり、アポロ的克己の徳（ギリシア語でソフロシュネー〔訳注1〕に対する呼びかけです。(1) 神々との関係を無視して、人間の本性（ネイチャー）をそれ自体における問題として取り出し、自省の意味を込めて「汝自身を知れ」という格言を用いたのは、他ならぬソクラテスでした。(2) 人間は自分自身の本性に疑問を抱くに違いありません。自己認識によって人間は無限の祝福を受け、自己無知によって無限の罪悪に出会います。(3)

プラトンによって知識の真髄と見られた「汝自身を知れ」という言葉は、後世、短い格言でありながら、ゼウス神だけがそれをなすことができるような偉大な務めとして理解されました。(4) かくも多くの矛盾した説が立てられ、かくも重要であるのにかくも不明瞭きわまりない問いはどこにもありません。心理学も生物学も社会学も、人間の本性を探究してきましたが、それでも人間はいぜんとして一つの謎です。

人間以外の事柄についての知識が増加したのとは非常に対照的な、このような〔認識の〕欠如自体が重大な問題です。人間とは私たちの知るかぎり最高に自己を表現する実在物であるにもか

〔訳注1〕 ギリシア語では、ヒュブリス（ὕβρις 傲慢）とソフロシュネー（σωφροσύνη 克己、節制）は多くの場合対比して用いられる概念である。

（1） 『カルミデス』*Charmides*〔プラトンの対話篇の一つで、ソクラテスの問題を直接伝えたので

ソクラテス的小対話篇と呼ばれるものの一つ〕一六四参照。マーティン・ニルソン Martin Nilsson 著『ギリシア人の敬虔』*Greek Piety*（オックスフォード、一九四八年）四七頁以下参照。A・アルトマン Altmann 編『聖書諸学研究』*Biblical and Other Studies*（マサチューセッツ州ケンブリッジ、一九六三年）一八三頁以下掲載のA・アルトマンの論文「中世イスラム教・ユダヤ教におけるデルフォイの格言」The Delphic Maxim in Medieval Islam and Judaism 参照。

（2）『パイドロス』*Phaedrus*〔プラトンの芸術的著作で、レトリックが魂に与える影響を論ずる〕二三〇。ターレス〔水を万物の本源と規定したギリシア七賢の一人。紀元前五四六年頃没〕にも帰される。ディオゲネス・ラエルティオス〔三世紀前半のギリシアの哲学史家。『偉大な哲学者たちの生涯と学説』十巻〕の「ターレス」*Thales* 四〇節。

（3）クセノフォン〔ギリシアの哲学者・歴史家。『アナバシス』など。紀元前三五五年頃没〕の『言行録』*Memorabilia*〔ソクラテスを散文的・実際的観点から描いたもの〕四巻二・二四。

（4）メナンドロス〔紀元前二九〇年頃没したギリシア新喜劇の作者。『怒りっぽい意地悪男』『サモスの女』など〕によると、「『汝自身を知れ』という格言では十分ではない。『他者を知れ』という方がもっと実質的である、と」。メナンドロスの『大断章』*The Principal Fragments*（フランシス・G・アリンソン Francis G. Allinson 編、ニューヨーク、一九三〇年）三六一頁「スレイシリオン」Thrasyleon 参照。

かわらず、なにゆえ、人間について認識することは困難なのでしょうか。

人間について正しく理解することは、人間が世界について持つ知識を正しく理解するための先行条件です。認識的・倫理的・審美的なすべての決定は、私たち自身の考えで行なわなければならないからです。

プロタゴラス〔訳注2〕は、「人間は万物の尺度なり(5)」と言いました。この博物学者の原理は、私たち自身の時代になって、人間の尺度は何か、という問いによって、これまでにないほど打ち砕かれてしまいました。近代以降の人々は、先祖以上に人間の本性について深く悩んでいるのです。

人間の本性を理解しようと努力しながら、無数の定義が提唱され、私どもの現実的理解を深めてくれ、人間の本性と状況の種々相を解明してくれました。しかしながら、それらも、究極的問題が私たちの直接的問題となった今日の状況には役立ちません。

人間とは何でしょうか。地球という小石の上を這いまわっている一介の虫です。宇宙の無限の広がりの中をあてもなく漂っている一片の生命です。

「要するに、人間の『魂(ソウル)』は、発熱作用をする新陳代謝と暖かい血液、肺による呼気と吸気、途方もなく大きな脳と探究精神、手による創造力、記憶、夢、意志、家族的社会組織、良心、文化などを備えているものにしかすぎない(6)」。

猿と蛙が似ている以上に、人間と猿は似ています。「人間は動物の領域から発達してきただけではなく、過去においても、現在においても、未来においても、常に動物なのである」と言えるかもしれません。しかし、このようなことが人間についての真実のすべてでしょうか。

実際、人間は宇宙での一つの物体であり、生物学的には哺乳動物の一種であって、右に引用した定義は、人間の存在の事実性の諸相を明らかにしてくれます。しかしながら、人間について決定的、基本的な事柄を示そうとする時、このような定義は人間の〔本来の〕形像（イメージ）よりは模像だけを描いているようにしか思われません。犬は飼い慣らされた肉食性の哺乳動物であり、魚はもっぱら水中に住む脊椎動物門の生き物であるというような適切な定義を認める用意は私たちにはありります。しかし、人間のことを、現在存在しているうちで、また今まで存在したうちで最もすぐれた哺乳動物の一つである、という定義をすすんで受け入れる用意が私たちにはあるでしょうか。

〔訳注2〕プロタゴラスはギリシアの哲学者。ソフィストの祖。紀元前四八一―四一一？年。

（5）ディオゲネス・ラエルティオス「プロタゴラス」*Protagoras* 九巻五一節。

（6）ウェストン・ラ・バール Weston La Barre 著『人間動物』*The Human Animal*（シカゴ、一九五四年）二九五頁参照。

何を知ろうとしているのか

前述の色々な定義は、人間のことを動物の形に造られた存在と見なそうとする強い傾向と矛盾します。疑いもなく人間の心のうちには、動物であることを望む意識的欲望があり、肉欲行為を経験する中では、それは「本性的（ナチュラル）」なもので、人間の宿命と本質において自分を動物と同一視しようとさえします。しかしながら、この欲望が人間存在の謎を解く鍵として役立つかどうかは疑問です。そのようなことを、人間が根底においては動物であることの証拠と見なすべきなのでしょうか。それとも人間本来のものではないことを経験したい欲望と見なすべきでしょうか。

アリストテレス以来、人間を動物界の一単位として定義することが、一般に認められる傾向があります。アリストテレスによって、人間は「生まれつき文明的な動物」で、「知識を身につける能力のある動物」であり、二本足で歩く動物、政治的動物、選択する能力を備えている唯一の動物、模倣が最も巧みな動物と定義されました。[7] スコラ哲学では、人間は理性的動物（*animal rationale*）であるという定義をし、ベンジャミン・フランクリンは、人間を工作人（Homo faber）、すなわち、道具を造る動物と定義しました。

動物に関する知識を基礎として、人間を動物と比較しながら理解しようとするこの方向——人類学的考察においては非常に広く行き渡っている傾向であるが――をとるのでは、私たちの疑問と関係のない答えが生まれざるを得ません。確かに、解剖学と生理学によって、人間と動物との無数の類似点が明らかにされています。しかし、構造上、機能上のあらゆる類似性にくらべて、対照点の方がもっと著しくあるようです。人間について疑問を抱くにあたり、私たちの問題は、人間の動物性という否定できない事実にあるのではなくて、人間がその動物性のゆえに、また動物性にもかかわらず、また動物性との関わりにおいて、また動物性とは離れたところにおいて、その人間が行なうことについての謎にあります。人間についての疑問が生じるのは、私たちが動物界と共有しあっているものによるものでもなければ、人間の中にある動物的なものから引き出された機能によるものでもありません。

人間についての定義を確立しようとしながら、私は自分自身を定義しているのです。その最初

(7)『トピカ』*Topica* 一二八b・一七、一三二a・八。『トピカ』一三〇b・八、一三二a・二〇、一三三a・二一、一三四a・一五、一四〇a・三六。『トピカ』一三三b・八、一三六b・二〇、一四〇b・三三。『政治学』*Politika* 一二五三a・一。『エウデモス倫理学』*Ethica Eudemia* 一二二六b・二二。『詩学』*Poetica* 一四四八b・八。

の試みで、その定義が自分自身に受け入れられるものでなければなりません。私はこれらのどの定義の中で、自分自身を認識しているのでしょうか。私には、特定の形容詞を持った動物として自分自身を認知（アイデンティファイ）する用意があるでしょうか。

答えの妥当性を理解するためには、前述のように問題の意味を充分正確に把握し、その問題が生じる緊張・緊迫した状況と、その問題に取り組む必然性を理解しなければなりません。もしそうでなければ、疑問とは筋違いの答えを受け入れてしまうでしょう。

自己理解を探究している人は、自分を動物学的に分類しようとしたり、動物界に自分の立場を見出そうとしたりする気持ちに促されているのではありません。その人間の探究、すなわち自分自身に当惑を覚えることは、とりわけ、単なる存在や動物などの存在とは分離し遊離した行為となっているのです。自己理解の探究は、本質の真正性の探究であり、無名性、一般性、絶え間ない同質性などの中には見出されない真正性の探究です。かくして、人間を顕著な属性を持った動物と説明する教義ではどのような教義でも、私たちが理解しようとしている問題を不明瞭にしがちです。人間は自分の唯一無二性（ユニークネス）を理解しようとする特異な存在です。人間が理解しようとしていることは、その動物性ではなくて人間性なのです。人間は自分の起源を探究しているのではなく、その宿命を探究しているのです。現在あるがままの人間の姿を探究しても、人間の直接的な状況、その終極的な目的地は、明らかになりません。人間と非人間の隔絶は、諸々の人間的条件の立場においてのみ理解され得るのです。非人間から人間が派生したことでさえも、人間の問題です。かくして、人間の起源を指摘しながら、私たちは次のような疑問に戻ってきます。すなわち、その起源を探究しようとしている私たち人間にとって、私たちは何を意味しているのでしょうか。

カバが、人間を肉体的に弱いこと、感情を予知できないこと、精神的に混乱することのゆえに、珍奇で不幸なつむじ曲がりの動物と見なすのは、当然なことです。しかしながら、人間の状況を問うに当たっては、私たちは明らかに人間の観点と基準を適用します。これらの基準によって、人間の内的存在について、何が明らかにされるのでしょうか。

アリストテレスの例に従って動物種の観点で人間を熟視し、今まで誤った観点で人間を見つめてきたということはないでしょうか。人間全体を定義するのに用いられた「動物」という言葉の意味は、とうてい正確明快なものとはいえません。私たちは諸々の動物の内面生活のことを本当に知っているのでしょうか。人間性と混在していない純粋の動物性を、私たちが感じとることができるのでしょうか。人間存在の動物性と動物の動物性とは同じでしょうか。理性の力も道具を作る技術もないのに、猿は人間存在なり、と定義することが妥当でしょうか。

プラトンが人間を羽のない二本足の動物と定義した後で、ディオゲネス〔訳注3〕が雄鶏の羽をむしりとり、それをアカデメイアの園〔訳注4〕に持ち込んだ、という話が伝わっています。人間が動物の形をしているという考えに基づいて、物質宇宙内での人間の居場所が定められましたが、それでも人間と人間の下にいる最も高等な動物との間にある無数の相違点を説明することはできません。人間が動物の形をしているという考えは、神が人間の形をしているという考えと同じように独特なものです。その説明上の不十分さに加えて、「考える動物（シンキング・アニマル）」という言葉における「動物」という語の持つ暗示的・喚起的意味はことがらを明確にするようでいて、事実をねじ曲げてしまいます。

どの世代にもその世代にふさわしい人間の定義があります。しかし、私たちの世代は自分にふさわしからぬ生活をしてきたのではないかと思われます。ある定義を認めることは、人間が自分自身の身元を確認する（アイデンティファイ）道であり、自分自身の顔を細かく調べるために鏡をかかげているようなものです。他ならぬ同時代人の内的状況の特徴として考えられることは、自分の身元を確認する（アイデンティファイ）もっともらしい方法として、機械のイメージで自分を見ることである、ということです。今日、人間を説明するに当たっては、人間動物（ヒューマン・アニマル）という語よりも「人間機械（ヒューマン・マシーン）」という語の方が広く認められています。人間は単に、「いわゆる食物なるものを注ぎ込んで、いわゆる思想なるものを造り出す機械」にしかすぎないのです。人間とは、「巧妙にできた携帯用配管の組立て部品の集まり」です。この定義自体は十八世紀にさかのぼります[8]。しかし、この定義はそれ以前には、もっともなこととしては広く受け入れられていませんでした。動物は私たちの前に神秘的なものとして立っているのに対して、機械は一つのこしらえ物として存在しているだけです。

私たちは、人間についての判決を軽々しく取りあげてはいけません。そのような判決は、確か

〔訳注3〕ディオゲネスはギリシアの犬儒学派の代表的哲学者（紀元前四一三?―三二三?年）。禁欲、自足、無恥を信条として因習から解放された自由な生活を実践し、樽の中に住む極端に質素な生活をして、アレクサンドロス大王に羨ましがられた。

〔訳注4〕アカデメイアの園とは、プラトンが哲学を説いたアテネ郊外にある遊園。

（8）「人間この機械」*Man a Machine* という最初の明確な表現は、ラ・メトリ La Mettrie（一七〇九―一七五一年）〔フランスの医学者、哲学者。唯物論的世界観を持ち、一切の存在の基礎は物質で、物質はその属性として延長、内的能動性、感受能力を持ち、人間は特殊に霊化された機械と断定した〕の有名な作品『人間機械論』*L'Homme machine* であり、この中では、人間の心的諸々の活動は脳の機械的作用と説明されている。デカルトは人間を機械と考える可能性を否定した（『方法叙説』*Discours de la méthode* 第五部）。

に人間の根本的態度に影響を及ぼし、それを明確にもしてくれます。私たちは、人間を神に似せてあるよりは機械に似せて造られているものとして、しばしば取り扱っているといったら間違っているでしょうか。

『大英百科事典(エンサイクロペディア・ブリタニカ)』の第十一版に記載されている人間の定義は、確かに人間の偉大さに対する尊敬の念をかきたてずにはおきません。そこには、「人間とは最低限度の必要なエネルギーを消費して、最高度の慰めを追求する者である」とあります。ここにおいても、やはり私たちは人間のことを認めているのでしょうか。

ナチス以前のドイツでは次のような人間についての声明がしばしば引用されました。すなわち、「人間の肉体は、七個の石鹸を作るのに足るだけの脂肪、中位の大きさの釘を作るのに足るだけの鉄分、二千本のマッチ棒の頭につけるのに足るだけの燐(リン)、肉体にノミの虫が取りつかないだけの硫黄が含まれている」と。多分、この声明とナチスが実際に絶滅収容所でやったこと、すなわち、人間の肉体を材料として石鹸を作ったこととの間には関連があったのでしょう。

人間の本性の多くの局面のうちのひとつの記述として、このような定義は実際に正しいかもしれません。しかし、人間の本質的意味を述べようとする時、このような記述は人間の自己理解を次第に排除するのに役立っていきます。そして、人間の自己理解の清算は、人間の自己消滅ということになります。

私たちの問題の重要な特徴は、疑問を言い表わす方法を、私たち自身が知らないということです。すなわち、私たちは何を問いかけるべきか、戸惑い当惑しているのです。人間について疑問を抱く時、私たちは正確に何を知りたいのでしょうか。ソクラテスは、人間の性質を知るために自分自身を知りたい、と明確に表現しました。すなわち、「私は大蛇タイフォン〔訳注4〕より複雑で狂暴な怪物なのだろうか。それとも自然の女神が神聖にして平穏な運命を与えてくれた、おとなしい単純な被造物なのだろうか(9)」と。

しかしながら、人間について私たちが知りたいことは、人間の性質や人生の諸々の実相だけではなく、人間の意味と使命、人生の目標です。人間を断片的に観察する時、人間が動物性と類似していることに出会うかもしれません。しかし、全体的に観察した時、人間の状況とは、諸々の実相と目標、および意味を知ろうとする性質と渇望が織りなしている状況です。

〔訳注4〕 大蛇タイフォン Typhon とは、ギリシア・ローマ神話に出てくる怪物で、百個の蛇の頭を持つ巨人タイフェウスの子。

(9) 『パイドロス』二三〇。

人間性の破滅

新しい一つの懐疑主義が生まれてきました。これまで、哲学は様々な究極的疑問によって刺激を与えられてきました。すなわち、私は自分の知っていることを確信できるのでしょうか。外的世界の実在性を確信できるのでしょうか、と。今日、もはや自明のことでなくなってしまったのは、まさに人間の人間性であり、私たちが直面している問題は、実に、人間はどのようにして人間性を確信することができるようになるのか、ということです。

中世においては、思想家は神の存在の証拠を見出そうと努力しました。しかし今日では、私たちは人間の存在の証拠を探し求めているようです。

今日では「人間（ヒューマン）」humanという言葉の意味は曖昧なものとなってしまいました。ここには弱いという意味があります（「彼はただの人間（ヒューマン）にすぎない」「アダムは人間（ヒューマン）にすぎなかった」「あやまちは人の常（ヒューマン）」「私が知りたいことは、人間が人間存在（ヒューマン・ビーイング）であるということだけ——それだけで充分。というのは、それ以上ひどくなるはずがないから」）。しかし、この語は、特にヒューメイン *humane* と書く時には、慈愛ばかりではなく寛大（「譲歩するのは人の常」）の意味でも用いられています。そして、この慈悲深い（ヒューメイン）という言葉は、人間にふさわしい感情と気持ちとを暗示し、優しさや同情、他の人間や下等動物に親切な心で接する気持ちを意味しています。厳密で厳格な正義に対立するものとして、慈悲深さを口に出すのです。

人類（ホモ・サピエンス）の曖昧さというものは、昔からある自明のことがらでした。今日まで、称賛と嘲笑が人類の上にたっぷりとふりかけられてきました。ある人にとって、人間は「天の傑作」であり、またある人にとって、「自然の女神が犯した唯一の失策」です。しかし、人間についての同情的音色が、古い話の中で震えています。今日では、人間は非難と軽蔑の中で、非常にはっきりと表現されているのです。人間を讃えた本を書くような人は、薄ばかか嘘つきと思われます。人間は芸術家、哲学者、神学者などから、激しい弾劾と非難を受けています。典型的な考え方が一つここにあります。

［テネシー・］ウィリアムズ〔訳注5〕が、公然と自分は福音伝道者だと宣言して以来、私たちは何が

〔訳注5〕　ウィリアムズ Tennessee Williams は現代アメリカの代表的劇作家。南部の貴族的社会の崩壊とそこでの過去の夢にすがりつく女性の悩みを、深い心理的陰影をもって描く。『ガラスの動物園』『欲望という名の電車』。一九一一―一九八三年。

福音すなわち良き音信（おとずれ）――彼が提示しなければならないのは、この福音である――であるかを追求しているのかもしれません。人間は一介の獣です。人間と獣との違いは、人間は自分が死ぬということを知っている獣である、ということです。正直なだけの人間という者は、ずうずうしい利己主義者です。このような正直者は、自分の利己主義に気がつかない連中の虚像、虚言、偽善に軽蔑を浴びせかけるのです。還元できない唯一の価値は生なのでありませんか。その生にできるだけ執着し、快楽と権力を追求するためにその生を利用しなければなりません。生に特有の目標は性と金です。大いなる熱情とは色欲と強欲のことです。したがって、人間の喜劇は、色欲、アルコール依存症、同性愛、冒瀆、貪欲、獣性、憎悪、卑猥といったものの途方もない一つのメドレーなのです。それは悲劇の威厳を持っていないがゆえに、悲劇ではありえないのです。この喜劇の中で自分の役割を演じる者は、総括的な腐敗の痕跡を自分の身に刻みつけているのです。そして究極的で還元できない価値である人生についていえば、結局それは一つの嘘でもあります[10]。

この世では、人間には友人などほとんどいません。人間を論じた現代文学においては確かにそうです。天上の神がこの世での人間の最後の友である、ということが分かるのかもしれません。

私たちが目の当たりに目撃する怒りは、自分の存在が圧倒的な自己嫌悪や、劣等感が優越することにとらえられているために起こる——ということはありえないでしょうか。

このむずむずするような自己軽蔑の悲劇は、人間が救われるだけの価値があるかどうかという疑念を悲劇的に深めていく中に存在します。人間についての圧倒的な名誉毀損は、私たちすべての人間の運命を意味しているかもしれません。倫理的な破滅は肉体的絶滅をもたらします。人間が卑しいものであるのならば、なぜ人類の滅亡について心が乱れるのでしょうか。人間性が破滅し、自分の霊的関連性を感じることもできず、倫理的課題に巻き込まれている状況を感じとることもできないこと、それ自体が恐るべき罰なのです。

---

(10)『宗教教育』*Religious Education* 五三巻八七頁記載のロバート・E・フィッチ Robert E. Fitch の論文「現代文学における世俗的人間像」Secular Images of Man in Contemporary Literature。また、『人間の本性とは何か』*What Is the Nature of Man?*(フィラデルフィア、一九五九年)六〇頁にも所収。

人間で在ることはどういうことか

人間は私たちの中心課題です。その肉体的精神的および実在性については議論の余地がありません。人間の意味、人間の霊的な関連性という問題こそ、答えられなければならない問いなのです。現代人の苦悩は霊的な成長を妨げられた者の苦悩である、と言ってはいけないでしょうか。人間の形像(イメージ)は人間が収縮されてはめ込まれた枠よりも大きいのです。すなわち、私たちは人間の本性を過小に評価しているのです。人間について問いかける質問形式でさえも、私たちが人間を物と考えているため、一方にかたよってしまいます。私たちは問いかけます、人間とは何か（*What is man?*）、と。しかし本当の疑問は、人間とは誰か（*Who is man?*）と問うべきでしょう[11]。人間を物として説明することができますが、人としては、一つの神秘であり驚異です。また、物としては有限ですが、人としては無限です。

右に引用した一般的な定義は、空間的な物としての人間の事実性(ファクティシティ)の観点から、「人間とは何（What）か」という問いに対する答えを提供してくれます。「人間とは誰か」（Who is man?）という問いは、価値についての問いであり、存在する者の秩序内における立場や地位についての問いです[12]。

アウグスティヌスによって、魂の自己確認はすべての経験のうちで最も確かなもの、と評価されました。ところで魂の何が確かなのでしょうか。魂は思惟し、魂は機能する、ということが確かなのです。しかし問題なのは、私が機能するかどうか、私が存在するかどうかということではなくて、私とは誰のことか、ということです。

---

(11)「人間とは何（what）か」という問いは、人間とはどんな種類のものなのか、という意味であろうか。「誰（who）か」という語は、一人またはそれ以上の人の自己同一性（アイデンティフィケーション）の確認を問う代名詞である。聖書では「人は何者（what）なので、これをみ心にとめられるのですか」（詩編八編四節）、「人は何者（what）なので、あなたはこれを大きなものと……」（ヨブ記七章一七節）と問いかけているが、これこそ人間の価値は何か、を意味しているのだろうか……。

(12)（物体の範疇での表現としては）「人間とは誰（who）か」という問いは、決して人間を考察する時に考えられる唯一の疑問ではない。古いラビ〔ユダヤ教の教師の敬称。ヘブライ語で「わが主人」の意〕の教義のテキストには、他に三つの問いが提唱されている。すなわち、「あなたはいずこより来たのか」「あなたはいずこへ行くのか」「あなたは誰の前で自分自身を明らかにするよう定められているのか」という問いである。しかもなお、これらの問いは、「人間とは誰か」という疑問に対する答えを知っていることを前提としているのである。

人間とは誰か——という問いに対する最初の答えは、人間とは自分自身について問いかける存在である、ということです。人間が自分は人であるということを見出すのは、まさにこのような疑問の中においてであり、自分の状況を明らかにしてくれるのは、自分が問いかける疑問の種類によるのです。

私たちの疑問は、単に人類の本質は何か、ということだけではなく、個々の人間の状況は何か、ということでもあるのです。人間存在について一体何が人間的なのでしょうか。正確には私たちのテーマは、単に人間存在（*human being*）とは何か、というだけではなく、人間で在ること（*being human*）とは何か、ということでもあります。

人間はある特殊な存在であるだけではありません。人間で在ること（ビーイング・ヒューマン）とは、ある種の関係——それなしでは人間で在ることに終止符を打ってしまうある種の関係に依存していることです。「人間存在（ヒューマン・ビーイング）」における「人間」とは何か、という問いを優先させることは、「人間（ヒューマン）」という範疇が単に「存在（ビーイング）」という範疇から生じたのではない、という推定に基づいています。「人間存在」という語の「人間」という限定詞は、存在という本体に付け加えられた付随的性質のものではありません。まさに本体そのものです。人間存在（ヒューマン・ビーイング）は人間で在ること（ビーイング・ヒューマン）を要求するのです。人間状況を分析すると、人間で在ることの本質的形態が明らかとなりますが、その形態の二、三を次章で述べたいと思います。

人間は人間で在ることなしに存在し続けることができる、と実際に考えられています。人間存在（ヒューマン・ビーイング）も人間で在ること（ビーイング・ヒューマン）も、共に危険にさらされていますが、人間存在よりも人間で在ることの方が、よりひどい危機にさらされています。「人間で在ること」は、常に混沌や死滅から守られていなければなりません。

私たちが直面しなければならない最も恐るべき一つの予想は、人間と他の生き物を精神的に区別する性質を持っていないような存在集団――その生き物がたとえ生物学上人類（ホモ・サピエンス）という種属に属していても――によってこの地球が占拠されるかもしれない、ということです。人間で在るために、私たちは人間で在ることとはどういう意味であるのか、それをどのようにして獲得し、どのようにして保持するのかを知らなければなりません。

死が存在の清算であると同様に、非人間化は人間で在ることの清算です。存在する物に人間存在と呼びうるような資格を与えるものは、一体何でしょうか。

どのような定義といえども、人間存在の深淵、すなわちその人間の存在が示されている錯綜した表裏の道を推し量ることができません。しかし、疑問は解けず、問題は未解決であると主張するならば、それは重大な問題についての知識を得ようとする望みを放棄することになるでしょう。

なぜなら、人間についての疑問は根本的疑問であり、私たちが問いかけている他のすべての疑問の意義は、この根本的疑問に与えようとしている解決一つにかかっているからです。

自己理解することによって、私は自分の実存を把握しようとします。究極的には、一体私は何を欲しているのでしょうか。何を夢み、何を熱望しているのでしょうか。今、ここに存在する者としての自分自身に直面しながら、浮きかすをも黄金をも見出すのです。私が自分自身の中で探究しながら出会うことは、究極的に葛藤するだけの価値あるものが何か分からないということだけではなく、曙にも混乱にも満足にも出会うのです。導かれることのない精神は暗闇の中で手探りをし、導かれる精神は二重の成果を手にします。

自己を認識するということを完全になしとげることができるでしょうか。理性主義では、存在する物はなんでも認識されうるという前提に基づいて動きます。区別することができないのは、いろいろな概念と範疇に包まれながら自己の精神の中で与えられている世界と、純然たる存在としての自己の精神に向けて与えられている世界との相違であり、また、ある行動形態についての自分の説明の中で与えられている自己と、自分の精神に向けて与えられている自己との相違です。自己とは何でしょうか。私が従わなければならない変化と変容、行動の諸形態、諸々の作用と反作用などを通じて、私の中で一体何が自己確認同一（アイデンティカル）のものとして残るのでしょうか。

自己意識についての最小限の表現は、次のような言葉となるでしょう。すなわち、私は存在する（I am）、と。しかし、私なる者は一体誰でしょうか（who is I ?）。存在するとはどういう意味でしょうか。

自我（The I）というのは認識論的な弁解であり、知らないことに対する仮の名であります。「私は存在する」ということは、驚異であり驚きの源泉です。人は、今・ここに、まさに存在しているという驚きから立ち直ることが決してできません。

人間存在の深みと神秘は、どのような分析をもってしても把握することのできないもののようです。科学を通して得られる人間についての知識は、その効用のわりにはあまりにも単純すぎて驚かされます。その定義も実際に人間存在に適用されると、無駄であることが分かるのです。

究極的な自己洞察などは不可能ですし、望ましいものでもありません。私たちが目標としているのは、私たちが自分の生を群衆や流行、気まぐれなどの投影とすることではなく、自分の生を投影させることができるような次元の自己理解でしょう。私たちの務めには、真正でない先入観だけではなく真正な先入観をも、また内的生の不誠実な発露だけではなく誠実な発露をも、明瞭に認識しさらけ出す努力が含まれているのです。

詩編詩人の「わたしは恐ろしい力によって驚くべき（ワンダーフリー）ものに造り上げられている」（詩編一三九編

一四節）という叫びは、自分自身の存在の不思議さに対する人間の驚異（ワンダー）の感覚を表現しています。充分に解明することもできず、また私たちの行なう普遍化の網からも逃れてしまうような、人の実存の深淵があるのです。今なお、人間理解に必要なものは大雑把で、かつ多くを要求するのです。

説明（ex-plain）することとは明瞭（plain）にすることです。しかし、実存の根源は決して明瞭平坦なものではありません。いわば実存は深淵の中につながれているのです。その根を掘り起こしても、誰もその木の生命を究明することはできません。

次に来るものは、人間としての読者諸兄が本質的なものと容認するような、人間で在ることの諸々の様態を示す試みです。それらは精神の構成よりは精神の要求を示しています。また倫理の基礎条件ではなく、人間実存の根本を示しています。本質的な感受性を育てることに失敗すると、個々人の人間性の荒廃を生む結果となります。

このような特質または感受性は、恣意的に示された種類の異なる瑣末事でもなければ、行き当たりばったりの印象でもなく、むしろ、人間で在ることの本質を構成している不可欠の要因であります。その感受性が反映しているものは実際の行動ではなく、むしろ、必要欠くべからざる自己認識という知恵、すなわち動物で在ることや獣的で在ることとは違う人間で在ることの中で、人間が理解されなければならない一連の相互に密接な関係のある姿であります。このような感受性は、単に人間の意識内で与えられるものでもなければ、人間の生物学上の性質から引き出されるものでもありません。人間の純然たる存在がそれらを保証するのでもありません。しかしながら、それらの感覚は人間に要求され期待されています。それらは人が自己理解という潜在事を考察し始める時、明らかに真実なものとして現われてくるのです。

第三章

かけがえのないこと

一人の人間を見る時、私は何を見ているのでしょうか。まずその人間を自分とは別の人類標本として見、次に名前がわかり、身元が確認されるような、特殊で特定の個人として見ます。しかし次には、その人間は神聖さと結びつけられる自然の唯一の実在物として、私の眼前に立ちます。宇宙にある人間以外のすべての神聖な物は、人間によって聖なるものとされています。人間の生命こそ本質的に聖なるもの、最高に価値あるものと考えられる唯一の存在形態です。ある特定の個人は人によっては、私にとって価値あるものではないかもしれません――実際、嫌悪する人さえいるかもしれません。しかし、そのような人も他の誰かにとって、たとえば母親にとっては大切な人です。もっとも、そのようなことはその人が卓越していることの理由にはなりませんが。

なぜなら、誰もそのような人に関心を持たなくても、その人はいぜんとして人間存在（ヒューマン・ビーイング）なのですから。

人を見る方法と物を見る方法とは違います。私たちは、物は知覚しますが、人には出会うのです。出会うということは、単に出くわすこと、人の知覚の領域内に入ることだけではなく、人の存在領域の中へ、すなわち人と関係づけられることをも意味しています。出会うということは、単に向かいあうということだけではなく、同意し、結合し、一致することをも意味しています。

人間存在を考える時、どのようにして考えているのでしょうか。物を考えることとは私が知っていることを考えることであり、人間存在を考えることとは私が何であるかを考えることであります。私は物を自分の知識の光の中で知覚しますが、人間存在の方は私自身の存在の形像（イメージ）の中で見るのです。動物を知覚する時にはその他者性に気づきますが、人に出会う時には、私は親密さ、「同気相求む」ということに気づきます。そこには存在の呼応、存在の同起性、自分を見つめる自己があります。私は自分の在るがままの姿を見るのです。

人間存在と対峙し、調べる方法には二通りあります。すなわち、内面からと外面からです。内面的には、私は今・ここにいる私自身に直面します。外面的には、あそこにいる私自身の仲間の人間に出会います。次のようにも言えるでしょう。すなわち、一般論的に存在を思索したり、すべての存在者のうちの真の存在者を思索したりすることは、可能であり正当なことでもあるのですが、一般論的に人間存在を思索したり、人間存在のうちの真の代表的人間を思索したりすることは、無駄であり不可能なことでもあります。というのは、自分自身の存在に対する私の理解力と関連性とが、いつも人類のうちの真の存在者についての思索の中に侵入してきて邪魔するからです。そこにいる人間の存在を理解するには、たった一つの方法しかありません。それは自分自身の存在を詳しく調べることによってです。

私自身の存在は、私にとってどのような意味があるのでしょうか。私が今・ここにいる自分の存在を思索する時、私は何と対決するのでしょうか。私自身の存在は、決して単なる存在論の一見本として理解され得ないものです。また、単なる一事実としても思惟され得ないものです。

今・ここにいる私の存在は、もう一つ別の今・あそこにいる存在とは異なり、私にとってどうでもよいことではありません。自分自身を社会的観点から見たり、他と比較して考えたりする時、私は平均的人間です。しかし、親しく直接的に自分に直面する時、私はすぐに自分をたった一人しかいない、特別に貴重で他の何物とも換えることのできない者と考えます。私は自分の実在を、全くのくずとか完全な不条理とはしたくありません。私の代わりに私の生を生きる人はいないでしょうし、私の代わりに私の思惟を行ない、私の夢を見てくれる人はいないでしょう。私自身の存在は、多くの存在者の中心にあるのであり、単に、ここにもあるとか環境の周辺部や一部にすぎないというようなことではありません。私が他と全く異なっているのは、まさに私の意識の中心においてです。

私が自我として他者として、人格を持つ者として、繰り返すことのできないものとして、複写も代替もできないものとして成長しているのは、私が単なるその他大勢の一人ではないという意識によってです。自由が生じるのも、自分の存在が何者かであるという意識の中においてです。

私は自分自身に大いに注目し、自分に著しい関わりを持っています。外部や社会や一般化の立場から見られる時に理解しにくくなるのは、私の実存の顕在性です。すなわち、私という特異性は私にとって個人的に確かなことではあっても、統計とか人的資源の管理の観点からは、奇抜な着想のように見えるかもしれません。逆に内面から光を発しながらも、私という顕在性は外部からは不条理には見えなくても、ぼやけたものに見えるかもしれません。

世界という目で見れば、繰り返して言いますが、私は平均的人間です。しかし、自分としては、決して平均的人間ではありません。自分としては、私は偉大な瞬間なのです。私の直面する挑戦は、私の存在という静かな顕在性をいかにして現実化、具体化するかにあります。

すべての苦悶と不安の向こう側に、最も重要な自己内省の要因、すなわち私自身の実存の貴さが横たわっています。私自身としては、私の実存は唯一無二(ユニーク)で先例もなく、金では買えない非常に貴重なものであり、その存在の意義を賭博で失うような考えには反対します。

現実の人間の現実的生活においては重荷と感じられる時でさえも、生命は非常に大切にされ、無上の価値を与えられ、現実の中で受け入れられているのです。人間存在の真実は、生きていることを愛することとです。存在していることを嫌悪するという罰を人間が自分の上に与えるのは、存在というものを極端なまでに虐待し冒瀆した結果です。

存在への嫌悪感、この世にとらえられているという感覚は、実際には仮定上とらえられている状況です。人間が自分自身の偶像となる時、その標識は破壊されるのです。死についての過度の不安は、死ぬことなく生き続けるという暗黙の主張を仮定しているためではないでしょうか。「人は言わざるを得ない、世界が創造されたのは私のためである、と」(サンヘドリン[訳注1]三七a)。私だけ、ただこの私だけしかなし得ない務めがあり、その務めはとても偉大なので、それを遂行

〔訳注1〕「サンヘドリン」とはユダヤ教の「タルムード」(モーセの定めた律法に対して、まだ成文化していない習慣律をラビたちが集大成したもの。教訓の意)のうちの「サンヘドリン篇」を言う。特に犯罪に関する法律と関連して、裁判とその手続きが述べられている。

するとすべての人間性の意味を要約できるかもしれないのです。

根本的な倫理の問題は、私は何をなすべきか、という問いで表現されてきました。このような定式化の弱点は、「私」という純然たる存在から行為を分離してしまうことにあり、あたかも倫理的問題などは人間実存について特別かつ追加された事柄であるかのようです。しかし、道徳問題は行為以上に人間の自我に深く密接に関連しています。私は何をなすべきか、という疑問はまさに道徳的行為です。それは自我に追加された問題ではありません。問題(プロブレム)としての自我です。

道徳問題は個人的問題としてのみ取り扱うことができます。私はありのままの自分の人生をどのように送るべきでしょうか。私の人生はそのような務めであり、問題であり、挑戦であります。

道徳行為は、たとえば単に地域社会がそれを必要としているから重要なだけではありません。それが重要なのは、道徳行為がなければ、私が人間で在ることについて何が人間的であるかの理解が無くなるからです。この定式化は、道徳的問いに対するもう一つの出発点と対照をなしています。その出発点とは、道徳上の理想と価値が存在している時、いかにしてそれらに到達するのだろうか、ということです。

唯一無二(ユニークネス)なこと

なぜ私たちは人間に悩まされるのでしょうか。生物学的には人間を容易に定義し分類することができます。しかし、人類を定義して動物界との関係で位置づけることができても、そのような定義は人間と人間との関係や、私たち自身を理解しようとするためには、ほとんどなんの意味もありません。

私たちの心を悩ませるのは、人間が唯一無二であるからです。他のすべての生きものは自然の秩序にぴったりと合っているように見え、永遠の法則で規定されています。人間だけが独特な地位を占めています。自然の存在物としての人間は自然の法則で規定されます。しかし、人間としては、しばしば選択をしなければなりません。すなわち、自分の実存に制限されながらも、その意志においては無制限なのです。人間の行為は、物質からのエネルギー光線のように本人から発散するものではありません。行為の分かれ目に来るたびに、どちらに行くべきなのか、しばしばその方向を決めなければなりません。従って、その人生行路は予言できないものです。誰も前もって自分の伝記を書くことができません。

一般化――これによって諸々の理論は発展するのですが――では、人間を理解しようとすることはできません。なぜなら個々の人間を取り扱うのに当たって私が求めるのは、一般性ではなく個別性、一人の人ですから。私たちの多くの失敗は、人間状況に専ら一般性を適用したことによって説明されます。

私の考えによれば、私の実存は出来事（イヴェンツ）の推移であり、唯一無二な一生涯にわたる状況であり、戻ることのできない前進であり、そこには何らの身代わりはないのです。出来事としての私の実存は原型的（オリジナル）なものであり、複写的なものではありません。全く同じような人間は二人としていません。人間で在るための主たる様態は、この唯一無二性にあります。人間は誰でも、それまでに言われ、考えられ、行なわれたことのないものを何かしら持っているものです。実存を一般性に移行しようとするのは、皮相であり虚構であり服従であります。

人間で在ることとは斬新であることです——過去の単なる繰り返しや拡張ではなくて、来るべき物への予期です。人間で在ることとは驚くことであり、初めから分かりきっている結論ではありません。人は出来事を造り出す能力を備えています。人はみな一つの露顕体であり、排他性の一見本です。

人間存在には肉体だけではなく顔もあります。顔を接（つ）ぎ木したり、取り換えたりすることはできません。顔は一つのメッセージであり、顔は語りかけますが、しばしば人には認識されていません。人間の顔は、神秘と意味との生ける混合物ではないのでしょうか。誰でも顔を見ることはできますが、誰もそれを描写することができません。数百万の顔の中に同じ顔が二つとなく、また、同じ顔が一瞬にして変わるのは、不思議にして驚くべきことではないでしょうか。顔は肉体の中でも最も露出し、最もよく知られている部分であるのに、一番説明しにくく、唯一無二性の化身と同義語と言うべきものです。私たちは、あたかも陳腐な物を見るように顔を見られるでしょうか。

存在物の個々の標本には名前がついていませんが、個々の人間存在はみな名前を主張します。人間個々人は、自分の属する種属の単なる標本や見本ではありません。人間の唯一無二性を無視すると、人間の顔をゆがめることになります。

存在するとは、闘って前進、進歩し、伸張し、持続することを意味します。しかも人間で在ることは、単なる連続性を超えてゆくことを意味します。人間で在ることは瞬間の中で生起します。人間で在ることは、特異性の爆発よりなっています。特異性という次元は簡単に忘れられ、いつも絶えることのない大量販売の攻撃に脅やかされています。完全な連続性のために特異性は中断され、単調でいやな仕事が続き、精神的荒廃がもたらされ、すべての瞬間が破壊されてしまいます。存在すること自体によって与えられる歓待を見出すためには、自己を超える業を磨かなければなりません。爆発の中で生じて意味を持つようになる人生は、時間の恩恵を感知する道です。

平均的人間などいません。自分より優れた者とも劣った者とも見分けられないような平凡で代表的な人間や普通人などは、統計学上の人体模型なのです。現実生活では、もし人間が無関心と陳腐さに身を任せないかぎり、平凡人、他と区別されない人間などは存在しません。精神的自殺はすべての人の手の届くところにあるのです。

機　会

存在の道すじ――人間であれ動物であれ――は、はっきりと決まっています。すなわち誕生から死です。しかし人間で在ることの道すじは迷路となっており、その暗い錯綜した迷路を人間の内的生と呼んでいます。その迷路を一つの構造物、永久的組織と考えてはいけません。それはたえず進行し、しばしば様式、規則、型式などを無視してしまうほどの豊饒さに満ちています。内的生は間断なく増大し、無限に拡大してゆく複雑な状態です。人間を放置しておけば、必ず迷ってしまいます。人間はどの段階でも案内を必要としているのです。

人間の迷路を案内する者などいるでしょうか。案内が必要であることは、人間で在ることの一様態なのです。動物の生の道は一直線ですが、内的生の道は迷路となっていて、案内なしには誰も迷路を通ることも知ることもできません。それは逃れ道がないような状況だからです。

人間を動物から区別している一つは、人間には内的宇宙を発展させるための無限の予期できないほどの能力があることです。私たちが知っている他のどのような存在物の可能性にもまさる可能性が、人間の魂の中に存在しています。幼児を見つめながら、その引き起こそうとしている無数の出来事を想像してごらんなさい。ヨハン・セバスチャン・バッハという名の子供は、数世代の人間をその魔力で包み込んでしまうほどの能力を与えられました。ですが、子牛や子馬には要求できるだけの可能性、期待できるだけの意外性があるでしょうか。実際、人間の謎は、人間が何であるかの中にあるのではなく、どんな存在としてあるかの中にあるのです[1]。

人間について明らかなことは、人間の中に潜在している最小限度のほんのわずかなことだけです。「人類とは何か」を説明することはできるかもしれませんが、人類には何ができるかを考察することは、私たちの能力を超えたことです。

人間の特徴は、人間の存在の現在性よりも可能性の方が優っていることにあるので、事実性（ファクティシティ）の中にある人間の姿を理解することだけに私たちの理解をとどめてはいけません。人間の真価を

（1）　A・J・ヘッシェル著『人は独りではない』*Man Is Not Alone*（ニューヨーク、一九五一年）二〇九頁参照。〔邦訳『人は独りではない――ユダヤ教宗教哲学の試み』森泉弘次訳、教文館、一九九八年、二一九頁〕

正しく認めるためには、諸々の事実の背後にあるものを見つめなければなりません。人間は諸々の事実を一つに束ねたものとしてばかりでなく、複雑な機会を与えられたものとしても理解されなければならないのです。

人間の条件の中で人間の問題を理解するためには、何かしら潜在的方法でエネルギーが貯えられる物質のように物理学の立場から人間を考えるのではなく、むしろ、あるがままの人間以上の存在であるよう求められている者として、人としての思惟と人としての経験の範疇の中で人間を考えなければなりません。問題は可能性を現実化することではなくて、理解し、承認し、応答し、現状を超えてゆくことです。

非究極性

人間はどこにいるのでしょうか（Where is man?）。ありのままの人間の実相に出会うのは、その人の生涯のどの段階、その実存のどの状況においてでしょうか。人間は変わりやすく気まぐれで、いろいろな役割をおびて現われてきます。人間は父か母がセールスマンか軍人であれば、同じようにセールスマンか軍人なのでしょうか。揺りかごから墓場まで、洞穴の時代からロケットの時代まで、人間は同じ状態のままでしょうか。

前述のすべての定義は、究極性の輪を持ち、決定的であるように思われます。しかしながら、永遠で究極的な形をした人間など実在しません。人間の決定版などはめったに現われません。人間で在ることの著しい特徴は、行動においても自己理解においても変わりやすいことであり、きっぱりと自分の実相にとどまっていることができないことです。究極性と人間性とは互いに相入れないもののようです。人間は究極的、固定的、決定的であるだけではなく、試験的、未決定的、未固定的でもある両極的な存在としてとらえられています。

何にでも可能性があります。人間の特徴の曖昧さ、行為に対する著しい反対感情の併存（アンビバレンス）のため、一貫性を貫こうとすると内的矛盾をもたらします。人間には多くの顔があります。どれが正典の顔でどれが偽典の顔でしょうか。

人間の存在を理解するためには、たとえば産業社会で条件づけられているような今・ここにおける人間の行動を見るだけでは十分ではありません。人間は流動的存在です。ある特定の生活様式に従っている時でさえも、人間はなおも従順にして強情であり、順応的にして反抗的であり、捕虜にもなれば反逆者にもなるのです。

動物存在は全く明示的であるのに、人間存在は深く暗示的です。石の特質はその究極的性質にありますが、人間の特質は、その存在の中で驚くことにあります。

自分のありのままの姿でいたくないと主張することは一つの口実です。今の姿しか自分にはないに違いないと主張することは一つの制限であり、人間本性が憎悪するものです。人の存在は、完成されることも究極的になることも決してありません。人の状態は発生期（*status nascendi*）にあります。選択は瞬間瞬間になされています。決してじっとしていません。

喜びも素朴さも純粋さもないような原理的意識など、これまで恐らく存在したことはないでしょう。喜びを欠き、計画、意図、関与、創意などを欠いている純粋な意識など、確かに考えられません。かくして、私たちの意識はもろもろの構成要素で満ちあふれているので、私たちができるのはこの意識を分析することだけです。

人間で在ることが、目標や成就であるよりはむしろ人間存在に与えられた事実であると推測するのは、致命的な幻影です。

動物にとっては、世界は現に在るがままのものですが、人間にとっては、これは生成の中にある世界であり、人間で在ることは、その生成のさなかにあって闘い、待望し、希望していることを意味しています。

実存の真正性も人間で在ることの属性も、決して安全な資産ではありません。それらは獲得され、磨かれ、守られるべきです。私たちはしばしば見栄を張って生き、他人ばかりではなく自分自身をも欺きます。社会、伝統、良心といったものはみな、私たちの中に包含されているのです。人間で在るためには、私たちは人間性が何を意味し、それをいかに獲得するかを知らねばなりません。私たちが人間で在ることとは、危険に満ちたあなたまかせの試練の中にいつもいることです。人間で在ることは事実であると同時に、機会でもあります。

推移変遷(プロセス)と出来事(イヴェンツ)

自分の人間性を認識するに際して、私は純粋な意識とか、自我と呼ばれる一つの現実に出会うのではなく、出来事を創り出す力に出会います。人間で在ることとは物事ではなくて本質です。すなわち、それは生起の瞬間であり、単なる推移変遷(プロセス)ではなく、一連の行為と出来事(イヴェンツ)です。私という自我、私が出会う自我には、種々の機能と意志を結びつけて一つの結果――私の実在を超越する意味とか価値――をもたらす力があります。

人間で在ることとは、意志を持ち、決定し、挑戦することであり、単に前進し、反応し、一つの結果をもたらすだけではありません。人間の唯一無二性は、自分の中に存在しないものに自分を関係づける方法の中にあるのです。人間の実存とは、エネルギーに満ちた一物体としてあるのではなくて、推移変遷と出来事との相互作用としてあります。

推移変遷と出来事とはどう違うのでしょうか。推移変遷は定期的に生じ比較的永続性のある様式が続きますが、出来事の方は異常で不定期的です。推移変遷は連続的、一定、画一的ですが、出来事は突然、断続的、臨時的に生じます。推移変遷は典型的ですが、出来事は唯一的です。推移変遷には法則が伴いますが、出来事は判例を作りあげていきます。

推移変遷は物理的秩序の中で生じます。しかし、出来事はすべて物理的条件に還元できるわけではありません。ベートーヴェンの生涯の後には音楽が残りましたが、物理的条件から評価してみますと、この世に対するその影響は普通の嵐や地震よりも少なく感じられます。

人間は出来事の秩序の中で生きるのであって、推移変遷の秩序の中で生きるのではありません。それは精神的秩序です。洞察の瞬間、決断の瞬間、祈りの瞬間――こういったものは宇宙の世界では無意味かもしれませんが、人生に焦点を合わせてくれます。

自然は諸々の推移変遷よりなります――たとえば、生物は誕生、成長、円熟、衰退の諸推移変遷からなっていると説明されるでしょうが、歴史は第一義的には出来事からなっています。ペリクレスやアリストテレスの生涯に人間的、歴史的性格を与えるものは、彼らが過ごした組織的推移変遷ではなく、彼らを他の人間存在と区別した、異常で、驚くべき予想できない行為、成就、出来事なのです。

出来事とは推移変遷の一部に還元され得ない事件(ハプニング)のことです。予言することも、十分に説明することもできないものです。出来事を語ることは、一般化の範囲内ではおさまらない事件がこの世に存在していることを意味しています。

人間で在ることは、固定した構築物であったり、予言できるような一連の事実であったりすることではなく、無数の瞬間と行為との連続体であることです[2]。推移変遷するものとしての人間は生物学的に説明できるでしょうが、出来事としての人間は、創造的、劇的にしか理解され得ません。推移変遷としての人生は規則正しく動きます。その正常性は反復する中で保たれています。すなわち、毎朝朝食をとり、毎夕消化するのです。しかしながら、日常性、類似性、倦怠性といったものの無意味さは人間の内的衝動を鈍らせ、推移変遷に否定的な影響を与え、反復こそを規準としてしまいます。実証主義者が定義できないような特別の要因が、人間実存を構築する際に存在しています。すなわち、出来事を創造する力です。そのような力の不足こそ、致命的な病弊

(2) A・J・ヘッシェル著『人間を探し求める神』*God in Search of Man*(ニューヨーク、一九五五年)、二〇九―二一〇頁。〔邦訳『人間を探し求める神――ユダヤ教の哲学』森泉弘次訳、教文館、一九九八年、二六四―二六五頁〕

となるのです。

人生というアルファベットにより、ほとんど無数の組み合わせや状況を作りあげることができます。しかし、たった一語の綴りも得られない人がいます。同様に、すべての独自性を一般性に還元してしまう人もいます。

人生という言語を綴る術には、人間が自分の中にないものを自分に関係づけることが含まれており、そのような人は、人間が単にそこに居あわせているという事実だけではなく、退屈さえも創造的衝撃になり得るという事実に敢然と立ち向かっていくのです。さもなければ、生に関するすべての条件も陳腐なものになりかねません。その場合、内面的な刷新が絶対に必要です。

出来事（イヴェンツ）として生きる生はドラマです。推移変遷（プロセス）に還元されるような生は徒食の生です。ドラマとしての生の自覚は、人間には演ずべき役割があることを知らせ、その自我は先例のないものであることを認識させ、実存することをぼろくずとして見る考えを拒絶させてくれる結果、生じてくるのです。

孤独（ソリチュード）と一致（ソリダリティ）

自惚（うぬぼ）れ、独立心、分離し相違し抵抗し挑む能力――これらはみな人間で在ることの様々な様態です。孤立する力のない尊厳など存在しません。聞くためには、退いてじっとしていなければなりません。社会にヒステリーが乱入したり、そのヒステリーについて誤った警告が発せられたりする時には、孤独というものはなくてはならない抵抗であり、いわば救済と回復の場であります。

しかしながら、人間は決して一人で存在しないことも事実です。離れて生活している時でさえ、私が生き、苦しみ、喜ぶのは、まさに私のすべての同時代の人々と一緒なのです。真の孤独は人間性を捨て去るものではなく、それを抽出するものです。真の孤独（ソリチュード）は真の一致（ソリダリティ）を求めます。人間が一人でいることなど一つの奇想です。人間は意識するしないにかかわらず、人間の共同体（コミュニティ）に包含され、そのために、かつその力によって存在します。

人間がその存在において誘導され世話を受けて方向づけられるのは、この共同体の存在によってです。人間にとって存在することは、他の人間存在と共に存在することです。その実存（existence）は必ず共存（coexistence）なのです。もしその存在が他の人間存在と分かちあい関係しあうものでないならば、人間は決してその存在を成就し、その意味を悟ることができないのです。なるほど、人間で在ることの意味を把握するためには、人類というよりは個々の人間を分析するわけですが、社会的関わり合いや人間の相互依存、相互関係を無視するような分析では、人間で在ることの核心をつくことはできないでしょう。

人間の一致が人間で在ることの産物なのではなく、人間で在ることが人間の一致の産物なのです。実際、意味の探究という最も個人的な関心事でさえも、個人の救いの追求としては全く意味がありません。その追求を完全にすることによって同情が明らかにされ、すべての人間が分かち合っている意味についての希望や直観が明らかにされるのです。

すべての人間に典型的に存在する自我、自己防衛、自己顕示に対する偏見には、その意識の中で他の人間の実存と尊厳とに対する認識が含まれています。人が求める威信には、認知してもらいたい他人に対する尊敬が含まれています。すべてのことが成就されるのは、自分に善なるものは他人にも善となるだろう、という確信の中においてです。

「存在する」（to be）は自動詞です。繰り返して言いますが、人間で在ることは、ただ単に存在することではありません。人間は自分の存在について内省し、その内省によって明らかにされることは、存在というものは決して自給自足的でないがゆえに、存在するためには自分自身でないものを絶えず受け入れなければならない、ということです。

互恵作用

科学とは様々な経験を解釈する方法です。自己を理解するためには、経験が人間を解釈し解明してくれることを認識するのが重要です。

幼児期に始まり幼少期まで続く最初の経験は、気に入ったものを獲得し、つかむことです。成長して成熟期に入ると、気に入った人に物を与え、供給することに熱中するようになります。

このようなことは基本的事実であって、子供たちの緊張感に影響を及ぼす動機づけとは関係なく、生きることを構築する際の第一次的データと認めなければなりません。

私たちは絶えず受け入れています。すなわち、私たちの存在は謎に包まれた一つの贈り物であり、新鮮な空気を吸うことは恵みを吸い込むことであると。実存の充実、個人としての存在の充実は、返礼として私たちが捧げるものによって実現されます。「主はわたしに報いてくださった。わたしはどのように答えようか！」（詩編一一六編一二節）という問いこそ、真に人間の問いです。人間実存の尊厳は互恵作用の中にあるのです。

すべての新しい洞察に対して、新しい行為を示さなければなりません。力と慈悲、真理と寛容の均衡を保つ努力をしなければなりません。知識とは一つの負債であって、私的財産ではありません。人で在るということは、互恵作用を実行することであり、受けた物を返礼として差し出すことです。互恵作用には正しい評価が含まれます。生物学的には私たちはみな摂取し放出します。摂取と放出の意味を知ることによって、私は人となります。互恵作用を始める時、私は人となるのです。

他人の苦しみ、他人の人間性についての敏感さの度合が、その人自身の人間性の指標です。それは社会生活の根本であるだけではなく、人間性探究の根本でもあります。人間に関して哲学者が問う設問の重要な前提は、その哲学者が人間にどのくらい関心を持っているかです。

人間性の反対は獣性であり、自分の仲間の人間性を認識できず、仲間の欲求・状況に敏感であることができないことです。獣性が生じるのは、一人の人を一般性の中で取り扱い、平均的人間と見なしてしまう傾向のためばかりではなく、想像力(イマジネーション)の欠如のためでもあります。

仲間であることにおいて、他人に関心を持つことにおいて、人間は存在の充実をなしとげるのです。人間は「仲間の重荷を負い合うこと〔訳注2〕」によって、その実存をふくらませます。前述の通り、動物は自分自身の欲求に関心を示しますが、私たちが人間で在ることとの度合は、私たちが他人に示す関心の度合との正比例によって示されます。

聖書的考察に立った時の中心問題は、「『存在すること』とは何か(what)」ということではなく、むしろ「いかに(how)存在し、いかに存在していないか」です。

私たちが直面する問題は、然るべき存在と誤った存在との二分法ではなく、義なる存在と不義なる存在との二分法です。緊張関係は実存と本質との間にあるのではなく、実存と行為との間にあります。人間にとっても動物にとっても、危険に遭い苦悶している時には、存在するのか存在しないのかが問題です。しかし、人間を人間たらしめるものは、その人間の問題がいかに存在し、かついかに存在しないのかにあるのです。実際に、一人ぼっちの人間は、純然たる存在、純然たる生活の不十分さを知ることによって刺激されるのです。一人ぼっちの人間は、その実存のすべての段階において、いかに存在するのか、いかに存在しないのかという問題から免れ得ないのです。

それゆえ、私たちの最初の主題は、「人間とは何（what）であるのか」ではなくて、「人間はいかに（how）存在するのか」であり、また、人間存在（ヒューマン・ビーイング）ではなくて、人間で在ること（ビーイング・ヒューマン）なのです。このことが人間存在の包み込まれている無数の関係の総和なのです。

実際の人間状況では、「存在すること」と「いかに存在するのか」ということは分離できません。かくして、人間で在ることの段階において、その存在の推移変遷が一つの疑問、すなわち私

〔訳注2〕新約聖書には「互いに重荷を担いなさい」（ガラテヤの信徒への手紙六章二節）の句がある。

という実存を私はいかに生きるべきかという疑問として、その人に立ち向かってくるのです。かくして、私たちは人間とは誰（*who*）かという疑問の暗黙の意図が、本当は人間はいかに（*how*）存在しているのかにあることに気づくのです。

尊厳

右の通り、人間は自然の中で尊厳と関連づけられる唯一の実在物です。人間の生の尊厳というものは、諸々の前提を基礎として概念的に知りうる類のものではありません。それは他から導入され得ない直観です。それは人間が自分に与えることのできない資質で、それは私たちにも他から授けられるか、さもなければ模造品かです。まず他人の生命の神秘に思いをはせ、その結果、人間の生命が獲得されたり所有されたりするものではないことに気づく時、私たちはこの尊厳に出会うのです。生命とは、私である何ものかです。私が所有している物は私のものですが、私である何ものかは、私のものではありません。生命は私の所有物ではないのです。

人間で在ることには、神聖なものに感受性を持つことが含まれています。神聖なものと考えられる事物は国によって違うかもしれませんが、神聖なものに対する感受性は普遍的です。

神聖なものを受け入れることは、実存的矛盾です。それは否定すべきことに対して「肯定します」と言っているようなものであり、力への意志に対して反対命題を提しているようなものであり、様々な利害と矛盾し、内心の欲望充足を邪魔しているようなものです。

私たちの力の感覚からすれば、世界は私たちの自由になり、自分たちに都合のよいように搾取することができます。神聖なものを認めるということは、ある物は私たちが利用できず、私たちの自由にはならないことを認めることです。しかしながら、神聖なものを否定的に考えることは、甚だしい誤解です。それを否定的に考え分離することが、神聖なものの肯定的な面を守る衝立（ついたて）の役目をしているのです。なぜなら、神聖なものを受け入れることは、単に要求を放棄することだけではなく、現実という唯一無二の次元に直面していることをも意味しているからです。

神聖なものの肯定的な面とは何でしょうか。その本質は非常に独特なものなので、何か他の本質の観点に立って説明することができません。ちょうど美というものを善の観点から説明することができないのと同じです。神聖なものは、鋭敏に、神聖なものの意味を感知します。美しいものの美しさは、その物に本来備わっていますが、一方、神聖なものの尊厳は、そのものを超越しているのです。美は一つの物事の本性と共に与えられますが、尊厳は諸々の物事のうえに賦与されるのです。美は対象物の形の中にありますが、尊厳はその状態の中にあるのです。

尊厳にはいろいろな次元がありますが、それらはみな一つの位相、すなわち究極的にかけがえのないものという位相を共有しています。神聖なものを感知することは、神にとって価値あるものを感知することです。その存在形態は、他の諸々の本質の存在形態とは異なっています。

なるほど、神聖なものは現実の他のものとはかけ離れたものですが、神聖なものと俗なものとを、絶対的な対比で考えるのは間違っています。なぜなら、現実のある部分には尊厳が与えられているがゆえに、現実性はみな尊厳の反映と考えられなければならなくなるからです。現実の中には、顕在的に神聖なものと潜在的に神聖なものとが抱かれているのです。

第四章(1)

意味の次元

今まで人間の問題を、人間で在るということは何か、という質問の形で説明してきました。私たちの問題には他に二つの主題が含まれており、今それを考察しなければなりません。

---

(1) この章の一部分は拙著『人は孤りではない』(ニューヨーク、一九五一年)九一頁以降、及びS・ラダクリシュナン Radhakrishnan、P・T・ラージュ Raju 共編『人間の概念』*The Concept of Man*(ロンドン、一九六〇年)の一〇八—一五七頁記載の拙文「ユダヤ思想における人間の概念」The Concept of Man in Jewish Thought より引用。

第一主題　存在とは何か

第二主題　人間存在の意味は何か

第一主題は根本的な驚きの瞬間の中で、私たちに次第に明らかとなってきます。なぜなら、その時には答え、言葉、範疇といったものがみな、虚飾にしかすぎないことが突然明らかとなり、存在の神秘というものが他の多くの問題の背後に潜んでいる問題として、私たちに突きさきさってくるからです。第二主題は意味論の問題——「人間存在」という語を然るべき条件で、どう定義するのか——ではなく、自己理解の限界をはるかに超えたところにある問題なのです。それは、自己よりも大きい条件の中で、（人類のすべてだけではなく）自己を理解しようとする努力です。

人間存在とは決して純然たる存在ではありません。それはいつも意味の中に包まれています。意味の次元は人間で在ることに内在しています。ちょうど宇宙の次元が星や石に内在しているのと同じです。ちょうど人間が宇宙に場所を占めているのと同じように、隠喩的に意味の次元と呼ばれるかもしれないものの中に、人間はその場を得ています。そのことに気づいていない時でさえも、その中に包み込まれているのです。人間は創造的かもしれないし、破壊的かもしれませんが、意味の外側では生きることができません。人間存在は意味の中に入ってくるか、それに背くかです。意味に対する関心——これはすべての創造的努力の本質ですが——は、自分で課したものではなく、存在することから必然的に生じたものです。

直面する現実にさらされている私たちの精神にとって、最高の問題は存在のことですが、しかし奥深い人間状況に調律された精神にとって、激しい苦痛を与え胸を引き裂くような問題は、意味なのです。意義ある存在の意味——健全な精神のしるし——が決定されるのは、実にこの意味を直観し確認することによります。

この探究の目標を、真の自我、真の存在、「人間本性」などの探究にすりかえてしまうなら、その目標は見失われるでしょう。この探究は意義ある存在の探究であり、意味についての超越的秩序に関する探究は勿論、自己理解の探究でもあります。それは、意義ある存在を構築する、生の諸々の特質を吟味することをも含んでいます。

人で在ること、すなわち人間存在の意味を確認しようとすることは、実存に秩序をもたらすためには不可欠の前提条件です。人は慣習的な名前を持っていなければ、不幸なことになるでしょうし、また、人が内的な自己同一性(アイデンティティ)の確認をしないで生きることは全く悲惨なことです。私たちは名前を簡単に受けて記憶していますが、精神的自己同一性の確認をするために、私たちはこれを求めて葛藤し、要求し、獲得し、高揚して生きるのです。

人がある日、目が覚めて自分は雄鶏であると言います。私たちにはその意味が分からず、その人に精神科の病院をあてがってやります。しかしまた、人がある日、目が覚めて自分は人間であると言っても、私たちにはやはりその意味が分からないのです。

この地球に霊的な力が与えられていると仮定するなら、次のような疑問が生じるでしょう。「私の翼を切り取り、私の庭を刈り込んでしまう、この見なれない侵入者は、一体誰なのか」。さらに、「私なしで生きることができず、しかも完全に私の部分ともなっていないこの人は、一体誰なのか」、と。

自分の存在については、幾多の断面と局面とがあって、それらを私は認識していますが、自分の実存を理解するには、それらの断面はいぜんとして無関係で末梢的なものです。最も私を狼狽させる問いは、私が存在することの意味は何かということです。

精神的苦悩が生じるのは、存在の神秘、存在の欠如、存在しないことの恐怖といったことによるよりは、むしろ無意味な存在、無意味な出来事を経験し恐れることによります。しかしながら、この二つの問題は相互依存的です。このことは私たちの探究しているテーマを取り扱う時に説明されるでしょう。人間の意味（ミーニング）こそが人間の存在（ビーイング）を明らかにしてくれ、人間の存在こそが人間の意味を喚起し確かめてくれます。

存在の問題と存在の意味の問題とは、同じ外延を有するものではありません。人間に関する第一の問題は、人間自身の実在、ありのままの人間存在のもとにおける人間の在り様に関するものです。第二の問題は、意味の点から見て、自分よりも大きな条件のもとにおける人間の意味とは何か、ということに関するものです。

私の探究――人間の探究でもありますが――は、自己についての理論的知識を求めているのではありません。自然界の普遍的法則を発見しても、別に私の問題は解けないでしょう。それは、単に寿命の長さを来世まで延ばす闘いでもありません。

私が求めていることは、自分と人生をしっかりと掌握する方法ではなく、なによりもまず永遠の賛意（アーメン）に値し、その賛意を喚起してくれる人生を生きる道であります。それは単に確信する（このことも含まれてはいますが）ための探究ではなく、人格的関連性、一定の一致性のための探究です。すなわち、求めていることは存在を安定させる錨（いかり）ではなく、存在の方向性です。「我在り」と言い得るだけでは、私にとっては十分ではありません。すなわち、私が知りたいことは、私は誰なのか、私は誰との関係において生きているのか、ということです。疑問を発するだけでは十分ではありません。私が知りたいことは、私が直面するすべての事柄を包含するように見える一つの疑問、すなわちなぜ私はここに存在しているのか、という疑問に答えることなのです。

与えられた資料は、人間が自己に当惑を覚えていること、すなわち、人間が自分にとって問題になっていること、自分が属し包含されている周辺状況を探究していることです。人間が苦悶するのは、究極的意味の秩序から自分が閉ざされていることに気づき、戦慄を覚える時です。

人間が部分的客体に身をゆだねることに安らぎを見出す限り、人間実存の究極的次元を無視することは精神状態の在り様としては可能なことです。しかし時々奇妙なことに、人間が好む無認識というものを妨害することが生じ、そのため人間は逃避することが攻撃的であることに気づくようになります。

世界に苦悩が満ち実存が支離滅裂になっている中で、自分自身が逃避していることに気づくのは悪夢です。私たちが長い間はぐくみ当然のことと思ってきた愛が死によって抹消される時には、逃避することが危険であることに気づかざるを得ませんし、また、喜びが私たちから離れ去り、すべての共通の価値が無味乾燥となり、今のこの瞬間がすたれてしまうように見える時には、逃避することが危険であることに気づかざるを得ません。わずかばかりの賛美を得ようとして命を賭けることはいけないと心配することが、かえって今まで避けようとしてきた疑問に私たちの心をさらします。

それは、自分自身の実存をどのようにして正当化するのかという問題だけではなく、とりわけ、人間存在をこの世に生ぜしめることをどのようにして正当化するかの問題でもあります。人間実存がもし不条理で悲惨なものであるなら、私たちはなぜ子供などを生むのでしょうか。後世の考古学者に廃墟を提供するために都市を建設しているのでしょうか。核戦争の結果生じる灰を準備するために子供たちを育てているのでしょうか。

そこで人間の生において賭けうる何が問題になっているのでしょうか。それは生の意味です。人間の行なうすべての行為の中で、人間は意味を求めています。人間が植える木、発明する道具などは、一つの必要性や目的のために与えられる答えです。その本質において、立案するために捧げられるのは意識なのです。存在を意味と、物事を概念と合体させる務めにたずさわりながら、意味とは心で創案して買いとることのできるものであるかどうか、獲得されるべきものであるかどうかを熟考せざるを得ませんし、また、それに何を追加できるかということには関係なく、現に在るがままの実存に、すなわち実存としての存在に意味があるかどうかを熟考せざるを得ません。換言すれば、人間が行なうことにのみ意味があって、その人間が何者であるかには意味がないのでしょうか。自分自身を自覚するようになるにつれて、「我在り」ということを知るだけではおさまらなくなります。自分とは「誰か」ということを知りたくなって追い立てられます。実際、人間が特徴づけられているのは、述語を求める主語としてであり、ただ単に、時々起きる個々の行為とか単一のエピソードの意味だけではなく、人生の意味、人生のすべての意味を求める存在としてなのです。

意味は、物質的関係に還元できず、感覚器官では把握され得ない状況を指し示しています。意味とは貴重な現実性と一致することです。さらに、それはある事実が他者のために存在していること、価値ある対象の豊饒さです。人生は人間にとってかけがえのないものです。しかし、その人生はその人だけにかけがえのないものでしょうか。それとも誰か他の者が、それを求めているのでしょうか。

心の中に確実に残っているものは、実存の状況と意味の状況は相互関係があること、人生は意味の観点から評価されるということです。意味への意志と、その意志を確かめるために私たちが行なう努力が正当であるということの確認とは、生きることへの意志、生きていることの確認と同じように、本質的に人間的なことです。

失敗し挫折するにもかかわらず、私たちはいぜんとしてあの手におえない探究につきまとわれています。人生は空しく意味を欠いているなどという考えを、決して認めることはできません。

もし哲学の根底にあるものが、精神を自己軽蔑するだけではなく、哲学の究極的推測に対して精神が関与することにもあるならば、私たちの目的は知るために探究することです。巧みに言い逃れすることに満足を求めながらも、しばしば原則的推測を横取りしがちなのです。しかし、推測をやめるならば、なぜ疑うことに心を配ったりなどするのでしょうか。哲学とは、人間が自分なりに実存の意味についての究極的推測を敢行することなのです。

正当な疑問には答えの機会が与えられなければなりません。その疑問が単なる絶望の叫びでないならば、答えの端緒とか予告が必ず示されるに相違ありません。その「答えの可能性」なるものは、その疑問に内包されている諸々の要因の論理的関係の中に示されています。ウラニウムは雄か雌か、というような疑問はばかげたものです。というのは、この場合、主語と述語は何の関係もないからです。それゆえ、私たちが問わねばならない問いは、「人間実存」という主語が、述語と一致しているか否かということです。人間実存は意味の上で評価できるでしょうか。それともこの二つの概念は一致せず、本質的に異なっているのでしょうか。

意義ある存在というものには、欲求と欲望に満足することが含まれ、自分の能力以上のことを願望することだけではなく、自分の能力を認識することも含まれ、さらに、自己満足の隠れみのというよりは、困惑をもたらす感覚だけではなく、美、善、真実、愛、友情などを感得することも含まれています。

生物学的論理による命令法は、「食べ、飲み、かつ楽しめ！」かもしれません。しかし、このような命令法を成就するためにもっぱら捧げられる生活は、結局のところ人間で在ることから人間存在のすべての性質を奪いとることになります。

私たちが追求しているものは、私にとっての意味とか私の良心を満足させる思想などではなく、むしろ私を超越しているところにある意味、人間存在の究極的関わり方です。人間存在がさらされ、時には敏感に感じている要請があります。すなわち意義ある存在への衝動です。存在としての存在は自動詞的であり、進行し継続することです。ところが意義ある存在は他動詞的であり、存在自体を超えて進行する遠心的なものです。

実際、これこそ存在論的矛盾です。日常性のなかでは重要性において、自我に対する関心と憂慮の方が他の諸々の目標に対する配慮を凌駕しています。しかし、それを凌駕していることを関わりあいの中で暗示しない人間存在などは、意味を欠いたものです。自我は、自我それ自体では与えることのできない意味を求めているのです。

人間で在ることの本質

私たちの説明から喚起される中心的な疑問は、その探究が真正なもので実存に根ざしており、私たちの存在から必然的に生じたものであるのかどうか、それとも、その探究は単なる気どりで自己防衛の構えをした弁解工作なのかどうか、です。単なる存在に還元できない私たちの実存には、何らかの徴しがあるのでしょうか。

なぜ意味に関心を持つのでしょうか。なぜ欲望と欲求が充足されていても満足しないのでしょうか。人生は、「欲望…快楽…欲望…快楽…」という一つの完全な輪かもしれません。意味に関心を持つことは無限に至る線に急転換することになります。

実際、人は意味に対する探究のすべてを、生物学的衝動で処理する時の誤った指導から生ずる一時的気分で片づけてしまったり、社会からの押しつけや、精神が打ち立てた一つの人工的上部構造で片づけてしまいがちです。

フロイトによると、人間の最も深い本質は生物としての本能であり、その本能は人間として真正に物を占有していることにより満たされます。しかしながら、ここで定義されていることは生命（ビオス）に関したものであって、実存に関したものではありませんが、その実存の中にこそ生命（ビオス）と人間で在ることとが包含されているのです。本能を満たすように狙いを定めた精神機能だけではなく、食物・性・権力への生命的衝動は、人間の特質でもあり、また動物の特質でもあります。人間で在ることとは、**満足の後に何があるのか**、という疑問に直面している者の特質でもあります。欲求と満足、欲望と快楽の輪では、人間の実存を満たすにはあまりにも狭すぎます。ビオスすなわち生命は満たされることを求めていますが、実存は感謝することを求めているのです。満足は欲望に結末をもたらす感覚的経験です。感謝の方は、計り知ることのできない経験であり、一つの開始であり、最後的満足を知ることもない渇望の始まりです。

満足の哲学という観点からするならば、完全な満足を、望ましいものでも想像できるものでも可能なものでもないと規定する意義ある存在への探究などは、一つの曲解と見なされているかもしれません。しかし、人間で在ることの論理が主張していることは、意義ある存在への探究こそ実存の核心であるという真理に、人間はその実存のすべてをかけて誓いを立てているのだ、ということです。

私たちは、その探究を切望しているのではありません。そうではなく、私たち自身がその中に巻き込まれているのを、私たちは見出すのです。それに関係するための計画、先導権は、私たちの側にはありません。ただ、その中にいる自分自身に気づく瞬間があるだけです。

動物は自分の欲求が満たされると満足しますが、人間は単に満たされるだけではなく満たすことをも求め、単に様々な欲求を持つことを求めているだけではなく、欲求されるものでもあることを求めています。個人的欲求は生じては消えてゆきますが、ただ一つの願望、すなわち自分は求められているのだろうか、という願望だけは残るのです。この願望に心を動かされないような人間はおりません。

非常に意義深い事実は、人間は自分自身にとっては十分なものではないという事実、さらに生命が生命それ自体を超えたところにある目的に役立つものでもなく、また、他の誰かにとって価値があるものでもないならば、その生命は本人それ自身にとっても意味のないことである、という事実です。

人間は自分自身にとって包括的な目的ではありません。カントの第二の格率〔訳注1〕は、人間を単に手段として用いるのではなく目的としても考えに入れていますが、その格率が暗示していることは、人が他人にいかに処理されるべきかであり、人がいかにして自分自身を処すべきかではありません。なぜなら、人が自分の目的は自分自身であると考えるならば、他人を手段として利用するようになるからです。さらに、人間が目的であるという考えが人間の価値を真に決めるものであるならば、その人間が他人や他の集団のために自分の生命や利益を犠牲にするようなことは望めません。なぜ一つの集団や国民全体が、人の生命を犠牲にするだけの価値があるというのでしょう

〔訳注1〕格率（マキシム）：カントは行為の個人的・主観的規則に用い、普遍的道徳法則と区別した（広辞苑）。

か。自分自身を絶対的目的と考えている人にとっては、千人の生命よりも自分の生命の方が価値があるものでしょう。

純真さを失った考えによれば、人間は自分を自分自身にとって十分な存在にでっちあげることができます。狂気への道はそのような幻想によって舗装されているのです。役に立たないという感覚、すなわちこの世界では必要とされていないという感覚と共に生じる無益感こそ、精神神経症の最も共通した原因なのです。絶望を避ける唯一の方法は、目的になるというよりは必要とされているということです。実際、幸福とは必要とされていることの確かさ、と定義されるかもしれません。しかし、一体誰が人間を必要としているのでしょうか。

心に浮かぶ最初の答えは、社会的な答えです――人間の目的は社会や人類に仕えるためにある、ということです。その時には人の究極的価値は他人のために役立つこと、その社会的業（わざ）が効果的に働くこと、と定義されるでしょう。しかし、人間はその道具主義的〔訳注2〕態度にもかかわらず、自分が他人にどのような意味を持っているかではなく、自分自身の中で価値ある存在として理解してもらうのを望むものなのです。自分を絶対的目的と見なさない人でさえも、目的に対する手段として、また他人に役立つ者として取り扱われるのには反対します。この世の富者も労働者も、どのような意味であれ業績や財産のゆえではなく自分自身のゆえに、自分自身の存在本質のゆえに愛されることを願うのです。老人や病人は恩を返すことができるかもしれないと思いつつ援助を期待しているのではありません。老人や不治の病人を支えることが一国の財力を消耗させる時、一体誰がそのような老人や病人を必要とするでしょうか。さらに明らかなことは、そのような有益性はすべての人の生命を要求してはいないので、全体的に生命の意味の探究に対する究極的答えとはなり得ないでしょう。人間は他人が喜んで受け入れることのできる以上のものを与えねばなりません。人生は他人を愛すること、世界に絶えず奉仕することからなっているなどと言うと、通俗的な自慢となるでしょう。私たちが他人に与えることのできるものは通常、十分の一税よりもごく僅かなのです。

魂の中には人間がたった一人で歩く細い道があり、世間には通じていません。道があり、公の目を避ける秘密（プライヴァシー）の世界があります。人生は耕地や生産地から成っているだけではなく、夢の山、悲しみの地下道、憧憬の塔からもなっています。そして、人間がすべてのねじ釘が十分に機

〔訳注2〕道具主義とは、思惟は環境を支配するための道具であり、人間の経験および進歩に利する観念が真に価値ある観念であるとする説。アメリカの哲学者で教育者のジョン・デューイ John Dewey（一八五九—一九五二年）の提唱。

能を果たすような機械に改造されるか、また完全に除去されるかされないかぎり、そのような山や地下道や塔は、社会のために利用されることは最後までほとんどありません。個人から搾取しようとしながら、すべての人間が社会のために存在しているように要求することは、実に不当利益をあさるような状態です。

そして、この状態で具体化される社会が万一腐敗するようになり、その弊害を治す私の努力が無益なものであると分かった時には、個人としての私の生活は完全に意味を欠くものとなってしまうのでしょうか。もし社会が万一私の奉仕を拒否することを決め、私を独房に監禁し、その結果、愛するこの世界に何ら善きものを遺すことができずに必ず死ぬようになったならば、その時には、私は自分の生命を断たざるを得ないような気持ちになるのでしょうか。

人間実存が、その究極的意味を社会から導き出すことはできません。なぜなら、社会それ自体が意味を必要としているからです。私は必要とされているのだろうか、という問いと同じように、人類は必要とされているのだろうか、という問いは正当なものです。

人間性とは個々の人間に始まるものであり、ちょうど歴史が個々の出来事から始まるのと同じです。「なにびとにも悪意を抱かず、すべての人に愛を」という誓いを立てたり、「自分を愛するようにあなたの隣り人を愛せよ」〔訳注3〕という戒めを遂行しようとする時、私たちが同時に心にとめるのは、いつも一人の人間であるということです。「人類」という語は生物学上の人の種類を示し、倫理と宗教の領域における意味とは全く異なったものです。しかしここでは、人類は種（しゅ）として、具体的現実から離脱した抽象概念として考えられているのではなく、特定の個人の豊饒さとして、すなわち得体の知れない人間の群れというよりは個々人の共同体として考えられています。

なるほど、万人の利益の方が一人の利益より価値がありますが、人類に意味をもたらすのは具体的な個々人です。人間は人類の構成員であるがゆえに価値があるなどとは考えません。むしろ反対です。人類は複数の人間存在によって構成されているがゆえに価値あるのです。

私たちは自分を支えてくれる空気ばかりでなく社会にも依存しているのにもかかわらず、また、他人も私たちの行為の曲線が描く関係の組織図を構成しているのにもかかわらず、私たちが欲望・恐怖・希望に取り囲まれ、挑戦を受け要求され、意志の力と責任の火花を与えられているのは、実に個々人としてです。

〔訳注3〕「なにびとにも悪意を……」の句と類似の表現は、エフェソの信徒への手紙四章三一―三二節、ペトロの手紙一、二章一三―一七節にみえる。「自分を愛するように……」の表現は、レビ記一九章一八節、マタイによる福音書二二章三九節にみられる。

しかし誰が人間を欲求しているのでしょうか。自然でしょうか。山々は私たちに詩を求めるために立っているのでしょうか。天文学者がいなくなったら星は消えてしまうのでしょうか。地球は人類の助けなどなしにやってゆくことができます。自然はたった一つの例外――すなわち必要とされているという欲求――を除けば、私たちのすべての欲求を満たしてくれる機会であふれています。破られることのない沈黙の中では、人間は刑の宣告の真っ只中にいるようなものであり、人間のすべての理論なども自我の中での人間の孤立を示している点のようなものです。

他のすべての欲求とは異なり、必要とされているという欲求は、満足を獲得するためというよりは、満足を与えるための戦いです。それは超越的な欲望を満たす欲望であり、熱望を満たす熱望です。

欲求(ニーズ)はすべて一方的です。空腹なら食物を必要としますが、食物は消費されることを必要としません。美しい物は心を引きつけます。そして私たちの方は美しい物を理解する必要を感じますが、美しい物の方は理解されることを必要としません。大部分の生が閉じ込められているのは、まさにそのような一方性の中においてです。鈍感な心を吟味してごらんなさい。そうすればまるでこの世界が人間のエゴを楽しませるためにあるかのように、自分のエゴの尺度に従って現実を切り落とそうとする努力がはびこっているのに気づくでしょう。私たちは誰でも、人との関係よりも物との関係を楽しみ、人を扱う場合でも、あたかもその人が私たち自身の利己的な目的のために利用されるべき物、道具、手段であるかのように、その人々に対して行動します。私たちは個的人格としての人に直面することが、何と少ないことでしょうか！　私たちはみな、私有し所有しようとする欲望に支配されています。自由な人だけが、実存の本当の意味は与えること、授けること、顔と顔を合わせて出会うこと、より高次の欲求を遂行することの中で経験されることを知っているのです。

私たちの経験はみな欲求(ニーズ)なのであって、欲求が満たされるとその経験は次第に影が薄くなっていきます。また実際、私たちの実存もまた一つの欲求なのです。私たちは欲求と同じ材料で造られており、その小さな生命は意志によって豊かになっていきます。私たちの生命の中で持続しているのは、情熱でも楽しみでもなく、歓喜や苦痛でもなく、実に欲求に応えることなのです。私たちの中で継続しているのは生への意志などではありません。生命の欲求があり、生活の中でその欲求を満たしているのです。継続するのは私たちの欲望ではなく、この欲求に対する応答であり、衝動ではなく同意です。私たちが欲求するのは一時的ですが、欲求されるのは永久的です。

魂の中に生じるすべての現象のうちで、欲望が最も高確率で死に至るものです。水生植物のように、欲望は忘却の水の中で育ち生息し、しきりに消滅しようとします。欲望に本来備わっているものは、消滅しようとする意志です。欲望は消されるために自己を主張するのです。満足を得ることによってその最後が訪れ、挽歌を奏でます。

そのような自滅的意志は、人間のすべての行為の中に与えられていません。思想、概念、法律、理論などは、永続する意志のもとに生じるのです。たとえば、解決されても関係を断つことがない問題があります。理性に本来備わっているものは永続しようとする意志であり、正当性を理解し永遠に続く概念についての説得力をつけようとする努力です。それゆえ、私たちが実存のはかなさに心から気づくようになるのは、いろいろな思想を思索している時ではなく、内的生を観察し、かつては心から大切にしていた欲求と欲望との墓場を見つける時です。

しかし、このような気づきが備えている方法には、奇妙な曖昧さがあります。なぜなら、たとえ実存のはかなさ以外に人間が心から確信の持てるものはないとしても、完全な欲望の請負人の役目をあきらめることはめったにないからです。

一歩ごとにその後ろで絶えずくずれてゆく岩の上を歩きながら、その歩みを止めざるを得ないような何か避けられない突発事が起こるのではないかと予感する時、人生などは一連の束の間の生理的精神的過程・行為・行動形態、一流れ(ひとなが)の栄枯盛衰・欲望・感覚にすぎないのであって、砂時計を通る粒のように走り去り、常に消え去る時を刻んでいるにしかすぎないのではないか、ということを知ろうとする強い熱望を人間は抑えることができないのです。

人間は心の奥底では、人生は日時計の表面を回転するすべての影よりも生き延びる文字盤のようなものではないのでは、と疑っているのです。人生はお互いに何ら関係のない諸々の事実の集塊――幻想によってカモフラージュされた混沌(カオス)にしかすぎないのでしょうか。

人生は、何かしら永続するものに映し出されないかぎり憂鬱なものであるということを、おぼろげながらでもめったに悟らないような人は、この地上には一人もいません。生きることの辛苦に値する何かがあるのだ、ということへの確信を人はみな求めているのです。人生、闘争、苦悩を超えて生きるものを知ろうとする渇望を感じない人は一人もいません。

人間はこのような自分の渇望、もやの中の自分の小さな蝋燭を自分ではどうすることもできず、それらと調和もできないのです。魂の痛手、恐怖、挫折を癒してくれるのは、正しかろうとする人間の意志でしょうか。あまりにも明らかなことは、人間の意志というものは内輪もめしている家への入口のようなものであり、しばらく耐えしのんだ後では、その立派な意志もいつの日にか墓場にとどく人生の水平線のように、空虚という泥沼にたどりついてしまう、ということです。人間の立派な意志の水平線の彼方に何があるのでしょうか。

絶望は生きることの無益感であって、心理学者も決して疑問を抱かない現実の一様態です。しかし、絶望の恐怖心が現実であると同じように、無益感の戦慄も現実です。人間の生と絶望は両立しないようです。人間とは意義ある存在、実存についての究極的意味を求める存在なのです。究極的意味が包含していることは、人間はただ単に全体の一部であり偉大さの付属物であるだけではなく、問いに対する答え的存在でもあり、欲求に対する充足的存在でもある、ということです。すなわち、人間は単に耐えるだけではなく、求められているかけがえのない不可欠なものなのです。人生は人間にとってかけがえのないものです。それはただ人間だけにかけがえのないものなのでしょうか。

人間で在ることの存在は、「単なる存在」というように中立的事柄としての存在ではなく、むしろ人間存在と意味との関連性です。人間で在ることは人間存在の必要条件であるので、この二つの考察の方法には相違がなければなりません。

他の対象については、意味との関係なしでこの世に投じられているその純粋な存在だけを考察することができます。しかし、人間性については意味との関連なしに、その存在について考察することはできません。私たちは意味の観点からしか人間存在を考察することができません。すなわち究極的意味を欠いているのか示しているのかのどちらかなのです。

この世の真実についての論理と探究が、この世に存在することなしには考えられないのと同じように、意味についての論理も、意味に包含されることなしには考えられません。包含されているからこそ、私たちは関心を持つのです。それゆえ、意味とは私たちのこの考察の論理的前提以上のものなのです。すなわち、私たちを意味について考察するようにしむけるのは、他ならぬ意味そのものなのです。

無限の宇宙について考察しながら、私たちは非実在（ノンエンティティ）というとるにたらない位置に自分の身をゆだねることも多分できるでしょう。しかしながら、その考察について思いをはせる時、私たちは自分が意味の神秘に導かれ包囲されていることに気づきます。人間こそ無限の意味の源泉であって、存在という大海原の単なる一滴ではないのです。

意義ある存在に対する私たちの主張を無意味な気取りにすぎないと断言しても、問題の解決にはならないでしょう。なぜなら、空虚な気取りと断言する事実そのものに、意味の主張があるからです。断言することそれ自体、意義のある思惟を要求し、意義ある思惟は意義ある存在を抜きにしては無意味です。「この探究は空虚な気取りを意味するためにあるのですか」というような問いでさえも、人生の意味性と人間の生に対する真実の探究の価値とを前提としているのです。

意義ある存在への関心は、人間で在ることに固有なものです――その関心はすべての心に住んでいる、力強く、基本的、刺激的なものです――が、一方、意義ある存在に対する可能性に疑問を抱く傾向は派生的なものです。その傾向の機能は、法外でばかげていて迷信的であったりする主張の仮定を取りはがすためには重要ですが、その力はいぜんとして理性の範囲内にとどまっています。その攻撃は理性を超える主張を理性という武器をもって抑圧し厳しく弱体化させますが、決して滅ぼすことはありません。どのような議論も生物的本能の力を防ぐことはできないでしょう。どのような懐疑主義も犬儒哲学（シニシズム）も、人間で在ることの力に根ざした主張を滅ぼすことはできません。

存在への究極的関わりあいに対する探究とは、実存の必要条件に対する応答なのです。すなわち、人間本性から派生する何かではなく、人間で在ることの本性を構築する何かなのです。人間で在ることの究極的関わりあいへの探究が的はずれであるならば、真理は価値あることをやめるでしょう。至高の意義への切望――これこそ哲学と芸術におけるすべての成就の推進力です――がばかげたことと考えられるならば、人間で在ることなど狂気を意味するでしょう。しかしながら、次のどちらが狂気と呼ばれるのに一層ふさわしいでしょうか。意義への探究を行なうことでしょうか、それともそのような熱望を狂気と批難することでしょうか。人間性の真髄は、その原因を除去し、尊厳あるものへの探究など誤導された愚かな努力であり、意味の探究など無意味であり、問われている問いかけは的はずれである、と断言することによって回復されるのでしょうか。

人間であることは否定できない正当な事実である、ということを証明するのは理知の力を超えたことです。人間は自分の実存を超越しているような立場で、自分の人間性を証明することはできません。実際、人間で在ることが把握されるのは、人間の立場に立った時だけであり、その正当性は人間の立場の正当性を条件としているのです。人間は超越的意味を証明することはできません。なぜなら、人間は超越的意味の明示だからです。

人類はあまりにも強力であまりにも危険なので、単なる玩具や珍奇な見せ物のままではいません。それは宇宙という巨大な体の中で何かしら唯一無二（ユニーク）なものを明らかに示しています。いわば成長体であり細胞組織の途方もない集塊であり、他の局部と相互作用をしはじめるだけではなく、またある程度その状態の修正をもできる集塊なのです。その性質と機能は何でしょうか。それは有害なもの、腫瘍でしょうか。それとも宇宙の頭脳として役立つと考えられるものでしょうか。

人類は時々、有害な徴候を幾つも示します。そして、人類の成長が抑制されないままでいると、それが膨張するために巨大な組織体全体が破壊されるかもしれません。天文学的時間で見れば、私たちの文明などはまだ幼年時代にあるのです。人間の力の膨張はまだほとんど始まっていません。人間がその力でもって行なおうとしていることが、私たちの惑星を救うかもしれないし破壊するかもしれないのです。

地球は無限の宇宙の中では、僅かばかりの意義しかないかもしれません。しかし、もしそれに何かしら意義があるとすれば、その鍵を握っているのは人間なのです。

人間存在の関わりあいは、人間で在ることの真実さに基づいています。人間で在ることの真実が明らかにしていることは、人間は意味との関連の中に包含されている存在であり、その関連は人間の状況に根ざしており、単なる希望的観測の産物ではないということです。

人間で在ることの秘密は意味に対する関心です。人間にはそれ自身の意味はありません。もし人間で在ることの本質が超越的意味に関係しているならば、人間の秘密は超越性に対し開かれていることにあります。実存は超越性を暗示することによって散在しており、超越性に対し開かれていることは、人間で在ることの本質的要素となります。

このようなことが私たちの状況構造であるので、意味についての直観を持たない人間存在は、単なる事柄としても長い間存続することができません。状況はすぐに悪夢のように、私たちと直面するようになるでしょう。

実際、人間存在の意味への関心こそ、人間で在ることの真実を構築するのです。人間で在ることの可能性を欠いた人間存在など滑稽であるので、その存在論的関連が人間のすべての存在の中に根づいているのです。その意味を定式化しようとする私たちの試みはぎこちないものですが、意味への関心が必要なことは確かなことです。

存在と意味

私たちは意味に対する人間の探究を定義して、自己よりも大きい観点から（人間性だけではなく）自己をも理解しようとする努力、人間存在の究極的関連性の暗示を獲得しようとする闘いであるとしました。人間は自分自身の立場では理解され得ないのです。繰り返して言いますが、私たちが理解されうるのは、もっと大きい前後の状況の中においてです。今や私たちの問題は、人間が究極的に理解されうる観点に立った時の人間の状況とは何であるのか、ということです。

人間存在を名もない中立的(ニュートラル)な存在者（Being）の一つの位相と理解することができるでしょうか。それとも人間は純然たる存在を超えようとしている一つの存在様態なのでしょうか。人間存在とは名もない存在者（Being）の中に潜在的に存在しているものの一標本である、と考えられるべきでしょうか。また、人間存在は、存在によって意味されるものへの突破口なのでしょうか。

存在の意味についての探究は、存在を超える者への探究であり、純然たる存在の不十分さを表明しているのです。意味と存在とは、前述のように同じ時間や空間においてとらえられるものではありません。意味とは存在というようなものに還元できない第一次的範疇です。意味を破壊する存在があるなら、未だ存在しないものにも意味があるかもしれません。私たちが存在に気づいて存在の中に入ってゆくのと同様に、私たちは意味に気づいて意味の中に入ってゆきます。

実存とは存在の領域からその意味を受容することではありません。なぜなら、存在それ自体は人間で在ることよりも矮小なことだからです。人間は存在から派生するのではありません、もっとも、人間は存在の中に消滅するかもしれませんが。

存在することの要求と必然性が、人間で在ることの深淵を空にすることはありません。人間の使命は存在を承認することではなく、存在を意味に関連づけることです。すなわち、人間の唯一の課題は、いかにして存在に至るかではなくて、いかにして意味に至るかです。

渇き、探究、無住居性といったものがどっと存在の豊かさの中に現われてくる時、それは存在を超えたものへの関連性を求める叫びではないでしょうか。もし自己不充足性というものが人間存在に固有なものであるならば、それはそのような存在が、人間理解のための究極的、包括的範疇ではないということのしるしではないでしょうか。

人間存在とは人間が意味に至るための揺り籠であって、そのかけがえのなさはすべての価値の先行条件です。しかし、純然たる存在は善とか美をもたらしはしません。導かれることもない出所の知れない存在は、堕落した異様なものとなるかもしれません。人間の務めはこの世界を放棄しておくことだ、などと主張することは、絶望以外の何物でもありません。人間はいつも罪のない傍観者であり得ると考えるのは、自己欺瞞です。人間で在ることは包含されることであり、いや応なしに（*nolens volens*）行為し反応することであり、驚き応答することです。人間にとって、存在することは知ってか知らずか、宇宙のドラマを演じることです。

存在と生きること

人間存在について語る時、非常に生き生きとした存在を心に抱きます。生きることは一つの状況で、その状況の内容は存在の概念よりもはるかに豊かなものです。「人間存在」という言葉は、人間は一般的に存在の一様態にすぎず、存在の方に強調点があるということを暗示しがちです。言葉の力は私たちが探究しようと企てているものの形像（イメージ）を容易に決定してしまうものなので、私たちが人間存在を語る時理解しようとしているのは生きている人間であること、すなわち人間の生としての人間存在であることを、いつも心にとめておかなければなりません。

　人間の最も重要な問題は、存在することではなく生きることです。生きることは十字路に立つことを意味します。自我の中には多くの強制力と駆動力とがあります。どの方向をとるべきなのかということは、何度も何度も私たちが直面する疑問です。

私は一体誰なのでしょうか。存在という積み木から落ちた一つの切れ端にしかすぎないのでしょうか。私はたがねや大理石の方ではないのでしょうか。存在しながら予見しているのでしょうか。存在しながら存在をもたらしているのでしょうか。

私たちの問題についてのさらに適切な定式的表現は、生きている人間を関係づけなければならない前後の状況とは何か、という問いの中にあるでしょう。

存在論的思惟と聖書的思惟の大きな相違は、前者が存在と呼ばれるような超越性に人間存在を関係づけようとしているのに対して、後者は人間存在は単なる存在以上のものであり、生きている存在を自覚しながら、聖なる生に、すなわち生ける神と呼ばれる超越性に人間を関係づけようとすることです。

この二つの研究方法のもとに横たわる基本的な相違は、前者すなわち存在論的研究方法（アプローチ）は存在を究極的なものとして容認しているのに対して、聖書的研究方法は究極的現実としての生きることを容認しているのです。前者は存在の観点から生きることを理解しようとしており、後者は生きることの観点から存在を理解しようとしています。

後者の研究方法によれば、私たちは存在と究極的なものとを同一に設定することによっては究極的な人間の状況の問題を解決することができない、ということなのです。なぜなら、そのような設定は単なる言葉上の問題解決にしかならないからです。その主たる属性が生きることである人間にとり、生きることとその目的が奪われ、生の機能のなくなった単なる生存など、実際、存在していないことと同じことです。

生きている人間が直面するジレンマは、究極的超越者が生きているのかいないのか、ということです。存在としての存在の究極性の方を選ぶ時、生きている存在としての人間の状態は不安定なものとなります。もし究極的なものが純然たる存在であるならば、人間の生には生きている者としての自己を関係づけるものが何もなくなるのです。それでは人間は自己を無に関係づけることができるだけです。すべての生が置き忘れられ、価値と思惟にあらゆる関与・関係というものが欠けてしまうところでは、人間を取り囲むものは空虚さなのです。存在としての存在に直面しながら、人間は「自分が無（ナッシングネス）なる神、すなわち起こりそうな実存の不可能性に直面しているのに気づくのです」。一方では「投げ出された状態」があり、また一方では死があり、自分自身がこの両端の間にいるのを見て、次のように主張するでしょう。私は無から出たのだから無に帰ろう、私の実存はその真実を無から引き出したのだから無に溶け込むように運命づけられている、と。

基本的な誤りは、存在を当然なもの、究極的なもの、絶対的に超越的なものと考えることです。

存在としての存在などは漠然として考えられないものであって、どのような精神的概念にも含まれていないものです。しかし、少なくとも知的にはそれを問いただし、いかにして存在は可能かと尋ねることによって、私たちは存在を超えてゆきます。

存在というものは、究極的思惟の主題として考えられるでしょうか。いやしくも存在というものがあるという事実は、存在の起源についての問いと同様に人を当惑させます。存在について驚異と神秘を無視するような存在論はどのようなものでも、精神の純粋な驚きを抑圧し、存在を当然のことと考えるという罪を犯しているのです。存在が存在するようになるというようなことは「考えられもしなければ述べることもできない」、ということは真実です。しかし、事実というものは思惟と表現の範囲を超えてゆくので、その事実も単なる事実であるにとどまりません。実際、存在としての存在という存在論のこの主題は、「考えられもしなければ述べることもできない」のです。

存在の究極性を容認することは、論理の先取り (*petition principii*)〔訳注4〕です。それは解決のための問題を誤解することです。至高にして究極的課題は、存在ではなくて存在の神秘なのです。なぜいやしくも無ではなく存在というものがあるのでしょうか。存在というものが存在しなくなる可能性を考えることなく、存在を考えることはできません。私たちはいつも、存在が欠如することばかりではなく現存（プレゼンス）することにもたらされています。かくして、私たちが直面するのは一つの究極的概念というよりは、むしろ一対の概念なのです。存在の神秘は両方の概念を超越しているのです。

聖書的人間は存在から始めるのではなく、存在の驚きから始めます。聖書的人間には、存在中心主義の陥穽と呼ばれるものがありません。そのような人間にとっては、存在がすべてではないからです。そのような聖書的人間は与えられるものに魅了されず、代わるべき手段、すなわち与えられるものの無効性を容認しています。パルメニデス〔訳注5〕にとって、非存在は考えられないことでした（「無は不可能なり」）。しかし、聖書的精神には、無すなわち存在の終わりは不可能ではありません。存在の偶然性を悟っている聖書的精神は、決して存在と究極的現実を同一視すること

〔訳注4〕論理の先取りとは、まだ説明されていないものを前提として論証することで、誤謬推理の一つ。たとえば、兎は狩られることを好むから兎狩りは残酷ではないといった類。

〔訳注5〕パルメニデスは紀元前五世紀頃のイタリア生まれのギリシア・エレア学派の哲学者。不生不滅、唯一不可分の実体として「存在」を想定し、これと思惟との同一を説き、一切の変化を仮現と見なした。

ができません。存在は、自明でも分かりきったことでもありません。存在が志向しているのは、いかにして存在は可能かという問いなのです。存在を存在の中にもたらすという行為すなわち創造（クリエーション）は、存在よりも高いところにある問題のはしごの中に位置しているのです。創造とは透明な概念ではありません。しかし、存在としての存在の概念は明快さと区別されているのでしょうか。創造は神秘ですが、存在としての存在は抽象概念です。

　精神は厚かましくも存在の根源について問いかけながら、存在を超えてゆこうとします。その根源についての概念が存在を包含しているのは事実ですが、しかし、ある現実を創造する存在には、考えうるすべての存在を神秘的に超越するような類の存在が賦与されているのも事実です。かくして、存在論は存在としての存在について問いますが、一方、神学は創造としての存在について、神の行為としての存在について問います。連続的創造の視点から見るなら、存在としての存在などありえません。あるのはただ、連続的に存在に入ることだけです。存在とは行為でもあり出来事でもあります[2]。

　存在それ自体である宇宙は、宇宙の意味についての、または存在の意味についての疑問に答えを与えることはできません。なぜなら、この疑問は存在とは異なった観点から、すなわち宇宙を超えた観点から、存在を評価しようとしているからです。この疑問は存在の超越性に言及しています。すなわち、この疑問は、存在を超えて彼方にある超越的なものを確信しています。問いかけながら、私たちは論理的でかつ厳密に立証できる思惟の水準を離れ、神秘の高みに登ってゆくのです。そのような方法は、私たちが論理的には選んではいけないものなのです。そのような方法は、正当な論理の範囲を超えてしまうからです。しかし、すべての警告がこのような疑問は意味がないと叫び証明しているにもかかわらず、人間はこの疑問を抱くことを決してやめはしないでしょう。疑問こそがその正当性を保証してくれるのです。科学といえども人間を沈黙させることはできません。論理の力といえども疑問を永久に抑えつけることはできません。実際、意味を渇求することをあきらめる時、人間は人間であることをやめるでしょう。論理的実証主義が増大するならば、人間性は喪失されるでしょう。

意味を追求することに反対する理由はいくらでもあります。しかし、呼吸有害説があっても人間の呼吸を禁ずることができないと同様に、意味を問うことは不適当だとする説も、意味に対す

(2) A・J・ヘッシェル著『預言者』*The Prophets*（ニューヨーク、一九六二年）二六三頁以下参照。〔邦訳『イスラエル預言者　下』森泉弘次訳、教文館、一九九二年、六八頁以下参照〕

る人間の関心を抹殺することはできないでしょう。

人間の意味とは何か

私たちは「人間は何なのか」という定式的表現の適切性について問い続けてきました。しかし、人であることの意味を一つの物や理念に還元するように、「人間存在の意味とは何か」という定式的表現を、同じように追求すべきではないでしょうか。「……の意味とは何か」というまさにこの定式的表現は、物性（シングフッド）の領域から生じたものではないのは明らかです。そして、そのような問いははじめから物性の領域に答えを見出そうとする可能性を排除しているのです。私たちが持っている熱と寒さについての考えは、物の領域の経験から抽出されたものです。しかしながら、人間存在の意味というものは、感覚的理解を通して経験される熱とか寒さとは異なる性質のものです。答えは抽象的概念の中にもプラトン的な理念の中にも見出されません。なぜなら、ここで私たちが関係している問題は生きている人間のすべての状況から生じており、個々の人の実存の力学と具体的真実を内包し、その人間が理解している理念と抽象概念だけではなく、その人間の思惟の究極的関与をも包含しているからです。

一方、私たちが追求している意味、すなわち人で在ることの意味は人性（パーソンフッド）の領域に属するものだと考えると、類語反復となるでしょう。それゆえ、問題なのは私たちが物性と人性というたった二つの領域にしか近づけないという事実にあります。いずれにおいても私たちが追求することは、想像力による虚構のようにも見えますし、また別の領域に見出されたり属していたり、別の領域そのものであったりします。

理念としての究極的意味は、私たちの不安に対する答えとはなりません。人間性とは知的構造以上のものなのです。すなわちそれは人間の真実なのです。意味を求める叫びは、究極的関係、究極的所属を求める叫びです。すべての虚飾が放棄される叫びです。私たちは時間という荒野にたった一人で、恐ろしくも不可思議な宇宙にたった一人でいて、そんな宇宙のほんの一片にしかすぎず、そこでは永遠に他国者のように感じていなければならないのでしょうか。そばでともに過ごすことのできる現存者（プレゼンス）がいるのでしょうか。生死をともにするだけの価値ある現存者（プレゼンス）がいるのでしょうか。その現存者（プレゼンス）の中に生きる道があるのでしょうか。その現存者（プレゼンス）と一致する生の道があるのでしょうか。

前述のように、宇宙はその神秘を私たちに明らかにしてはくれませんし、宇宙が語ることは人間の言語では表現されていません。究極的な人間の意味は究極的存在から派生しうるものではありません。究極的存在には個々の存在に対する関係が欠如していますし、意味が私に関係していないならば、私の方も意味に関係していないのです。

人間は意味を必要としていますが、もし究極的意味の方が人間を必要とせず、人間がその究極的意味に自分を関係づけることができないならば、究極的意味など人間にとっては無意味なものになります。それでは一方的関係、まさぐり探究するだけの関係になり、人間と意味との出会いなどは、いぜんとして、人間の能力を越えたところにある目標にすぎないということになるでしょう。

人間を探究する意味

ギリシア人は意味の探究を定式化して、思惟を探し求める人間としましたが、一方、ヘブライ人は人間を探し求める神の思惟（または関心）としました。実存の意味は自然に与えられるものではありませんし、寄贈されるものでもなく、いわば一つの業（わざ）なのです。それはむしろ、人間を探し求めている神に応答するか拒むかにかかっています。すなわち、成就するか逸するかなのです。

意味についての人間の渇望は、疑問や刺激にではなく、答えすなわち挑戦に対する応答にあります。

聖書は、神についての疑問は神の疑問でもある、と言っています。もし主なる神が問いを発しなかったならば、この疑問に対処する人々の努力は空しいものとなったでしょう。人間は訪ねられ、挑戦を受け、慰めを与えられる存在です。神は人間を探し求めており、人生とは答えを要求している何かなのです。歴史とはなかんずく問いかけであり、洞察であり、調査であり、試みです。

それゆえ、聖書的思惟の第一の主題は神についての人間の知恵ではなく、むしろ神に知られている人間の存在、神の知恵と関心の対象としての人間の存在です。こういうわけで次の偉大な謎が生じるのです。すなわち、なぜ天地の創り主たる神が人間に関心を抱かれるのか、と。また、なぜちっぽけな人間の行為が神の生命に影響を及ぼすほど関わりあっているのか、と。

人間が神にとって有益でありえようか。
賢い人でさえ、有益でありえようか。
あなたが正しいからといって全能者が喜び
完全な道を歩むからといって神の利益になるだろうか。

ヨブ記二二章二―三節

神は人間のことを真剣に考えています。神は人間と直接的関係すなわち一つの契約に入り、その契約には人間だけではなく神も関与（コミット）しています。その究極的な出会いと危機の中で、聖書的人間が知るのは神の永遠の慈悲と正義だけではなく、人間に対する神の関与（commitment）でもあります。この崇高な事実にこそ歴史の意味と人間の運命の栄光があります。

聖書の宗教に本質的なことは、人間に関心を抱かれる神の認識、すなわち契約の認識、私たちの上だけではなく神の上にものしかかっている責任の認識です。私たちの務めは神の関心と一致することであり、私たちの務めについて神が抱きたもう幻（ヴィジョン）を遂行することです。神は神御自身の目的を成就するために人間が必要なのであり、聖書の伝承が理解しているように、宗教はこのような目的に仕える道であり、たとえ私たちがその目的に気づかなくても、私たちはそのような目的を必要としているのであり、その必要性を感じとることを学ばなければなりません。

人生とは神と人間との共同作業です。したがって神は私たちの喜びと悲しみに超然としてはいませんし、無関心でもありません。人間の肉体と精神にとって真正にして絶対的な欲求は、神の関与です。それゆえにこそ人間の生命は聖なるものなのです。正義、平和、愛、美を求めて人間が戦う時には、神は共同者であり同志です。神が常に人間との契約、すなわち神と人間を包含する相互の絆であり、人間だけではなく神も関与している関係に入りたもうのは、実に人間を必要としている神の存在ゆえにです。

神秘の彼方にある意味

シュライエルマッヘル〔訳注6〕以来ずっと、宗教の本性を考察するに当たり、人間の自我より始め、さらに宗教の特徴は依存や崇敬の感情を抱くこととするのが通例でした。見落とされている点は、私たちが一人の受納者であり、かつ、私たちは自分の感じる能力を超えたところに存在している者によりたなざらしにされ圧倒されている、という宗教意識の独自な面です。

宗教的人間を特徴づけているのは、人間が自己の生命を構築し歴史の中に意味を見出そうとする観点に立って、人類に対する神の他動的関心を信じ、人間に対する神の関与を信じていることです。

〔訳注6〕シュライエルマッヘルはドイツの哲学者、神学者。合理主義から神学を解放した近代プロテスタント神学の祖。一七六六―一八三四年。

この世に直面することが、受動性や降伏と同じことになってはなりません。それは知覚できることを言葉で表現できないことと誤解することではありません。それは純然たる存在とふれあう存在のことなのです。

この世界は私たちと結びついておらず、また、人間の内的生の中にはこの世界と関係していない一つの無傷の領域があります。人間とこの世界とは共に神秘性を持っています。すなわち、意味に基づく存在の神秘であって、単に純然たる存在の中では与えられないものです。

私たちが造り出すものは、それを造った者との関係において意味があります。意味についての疑問を呼び起こすものは、宇宙の純然たる存在です。究極的疑問が展開するのは、宇宙との関連においてです。

近代人の悲劇は一人ぼっちで考えることにあります。近代人はすべての存在に考えをめぐらすというよりは、むしろ自分自身の事柄について考え込んでしまいます。人間は神の創造の領域から出てきて、人間の操作の領域に入ってきているのです。

このことは人間の病弊のように見えます。なぜなら人間の通常の意識は忘却の状態、感性が中止した状態であるからです。その結果として私たちが見るものは、ごまかしと隠蔽ばかりなのです。私たちは自分がしていることが分かっていませんし、直面しているものを認識していないのです。

もろもろの慣習的な意味の彼方に、さらに一つの意味が存在しているのでしょうか。ギリシア人は与えられているものについて、理性的な構造を見出しましたが、与えられているものと理性的なものとの背後に、彼らは暗い神秘――人間と神々の上に超越して立っている非理性的な運命と必然性、ゼウス神でさえも恐怖で満たしてしまう神秘的な力――をかぎつけたのでした。

私たちは自分の知的能力に非常に感動しているので、自分の能力の彼方に存在するものは何でも拒絶します。私たちが定義するものが存在しているのであって、定義できないものは存在していないのであり、存在するはずがない、ということになります。

聖書的人間に与えられたものは、すべての神秘の彼方において意味のある理解力です。神は単なる意味でもなければただの神秘でもありません。神こそは神秘を超越した意味であり、神秘が暗示している意味であり、神秘を通して語りかけている意味なのです。

神秘とは未知の同意語ではなく、神との関係において立っている意味を示す言葉です。

存在は一つの神秘です。存在は隠されています。しかし、神秘の彼方に意味があるのです。神秘の彼方にある意味が表現することを求めているのです。人間存在の運命は、隠されているものを明瞭に言うことです。神聖なるものは人間の中であらわにされることを求めています。

沈黙がすべての山の峰々を徘徊しています。世界は雄大さで燃えあがっています。花はそれぞれ愛を注ぎ出しています。存在するものはそれぞれ自分のために語っています。人間だけが、存在するものすべてのために語りかけることができるのです。人間が生きることだけが、神秘をドラマとして演ずることができるのです。

超越的な意味

超越的な意味の認識は、口で表現できないほどの深淵を感じる時に生じます。畏怖心による命令自体がその証拠の証明書であり、すなわち、それは私たちが願望するゆえにではなくて、茫然として崇高なものの衝撃に勇敢に立ち向かうがゆえに経験する宇宙的応答です。それは神秘に包まれた意味です。

私たちが超越的な意味を認識するのは、類推とか推測によってではありません。むしろその意味は、論理的かつ心理的に判断する以前に、また、主題となる事柄が精神的範疇と同化する以前に、直接的に与えられるものとして感受されます。すなわち、真実(リアリティ)についての客観的位相に対する普遍的洞察であり、それはすべての人がいつでもできる洞察なのです。その超越的な意味の認識は無知という泡ではなく、思惟の極点であり、知的努力の頂点で広がっている風土には生得のものです。

それは認識の洞察です。なぜなら、それが喚起する認識は、この世についての深い理解を附加してくれるからです。

超越的な意味とは、私たちの理解を超えた意味のことです。私たちの諸々の範疇を完全に満たしてくれる有限な意味などは究極的説明とはならないでしょう。なぜなら、有限な意味はさらに別の説明を要求し、私たちが扱っている究極的疑問とは関係のない答えとなるからです。究極的答えを要求する有限な意味は、一見正しそうに見えます。たとえば、知識の追求、美の享受、単なる存在それ自体に目的があるとする仮定は、人が述べることのできる原則ではあっても、人間が生きてゆくことのできる真実ではありません。人間の目的は人間それ自体の中にあると告げるなら、その人の答えは絶対的なものとなります。有限なものには美しさがあっても偉大さがありません。人を喜ばせはしますが救ってはくれないでしょう。

有限な意味は私たちが理解している思惟であり、無限な意味は私たちを理解させるような思惟です。有限な意味を私たちは吸収しますが、無限な意味には出会うのです。有限な意味には明解さがありますが、無限な意味には深淵があります。有限な意味を私たちは分析的な理性を用いて理解しますが、無限な意味には畏怖の念をもって応答します。無限な意味は快適なものではありませんし、私たちの諸々の範疇とは一致しません。それをこの世界で眼前に現われるもののように把握することはできません。むしろ、その中にあって世界の方が私たちに見えてくるのです。それは目的ではありません――自己存立的、無時間的な理念や価値でもありません。それは一つの現存在(プレゼンス)なのです。

驚異という前提、畏敬という前提がなければ、超越的な意味への洞察もありえません。「前提」と言っているのは、驚異と畏敬が感情ではなくて価値判断を伴う認識行為だからです。

驚異の感覚は私たちの眼の中にある霞でもなく、言葉上の霧でもありません。驚異すなわち根本的な驚異とは、物事や思惟の中で与えられるものを乗り越えてゆく道であり、何事も当然のように受け入れたり目的と見なすことを拒絶する道です。驚異とは、真実の偉大さと神秘に対する私たちの誠実な応答であり、与えられているものを超越しているものに出会うことです。

超越的な意味の獲得は一つの観念を理解することにあるなどと仮定すると、言葉上の矛盾となるでしょう。超越性とは決して所有とか理解の対象ではありえないものだからです。しかし、人間は自分自身を超越性に関係づけ、結びつけることができるのです。人間は超越性と結びつけるために、意味を口説くすべを知らなければなりません。究極的な意味という愛は自己中心的なものではなく、むしろ自己を超越することに関心を持っています。さらに、理念、公式、学説といったものは非人格的で時間を超越した一般原則であり、それらの理念はそのようなものとして、具体的、人格的、この世的、現在的な人間の実存についての本質的様態とは調和しないままにあるのです。超越的な意味は容認の対象、すなわち一つの理念に「然り」と答えることなどに還元されてはなりません。意味を経験するということは、絶対に必要な関わりを経験することであり、一つの理念を心に抱くことではなく精神を超えた霊の中で生きることです。また、意味についての個人的論及を経験するのではなく、すべての人間に開かれている次元を共有しあうことです。私たちは意義の沈黙の中で出会い、意味に対する関心により互いに関係しあっている仲間同士であることを示しています。そのような経験を渇望することは、人間の究極的使命の一部なのです。この渇望の中でこそ人間は万人のために行為するように思われます。それゆえ、たった一人の人間にしか関係のないような意味はどのようなものでも、誰に対する答えにもなりません。人間存在の究極的な意味に対する関係は所有にある、などと考えることは決してできません。

究極的な意味は、一度も永遠の理念の形では把握されていないし、会得されてもいないし、信念をもって確実に心にとめられてはいません。それは簡単に与えられるものではありません。それは去来する暗示のように私たちを襲います。後に残るものは記憶であり、その記憶に対する関与です。私たちの言葉ではそれを説明できませんし、私たちの道具ではそれを存分に使うこともできません。しかし、時々あたかも私たちの存在そのものが説明であり神秘的な道具であるかのように見えます。

意味の錨(いかり)は、絶望が届かないようなはるかな深淵におろされています。しかし、その深淵といえども無限ではありません。その底も人間の心の範囲内で、また強い疑念の残骸の下で、突然見出すことができるかもしれません。

かくして人間の使命は次のようなものでしょう。すなわち、存在することと存在の創造者とに「アーメン」と言うことであり、時にむなしく敗北するにもかかわらず不条理をものともせずに生きることであり、神の測り難さの中においてさえもなおも神への信仰に達することです。

第五章

操作(マニピュレーション)と感謝(アプリシエーション)

意味への感覚は気楽さと怠惰の中で生まれるものではありません。過酷な試練、栄光の中での絶望、挫折、座礁の後に生じてきます。それは骨から生じる骨髄です。私たちの荒野にはマナ〔訳注1〕はありません。

思惟は経験や内的環境と無関係に生じるものではありません。考えることとは生きることであ

〔訳注1〕 マナは昔イスラエル民族がモーセの指導のもとでエジプトから脱出した時にアラビアの荒野で神から恵まれたとされる食物。出エジプト記一六章一四―三六節参照。

り、どのような思惟も頭脳の中の孤立した細胞から生じるものではありません。思惟とは孤立した島ではありません。

私たちは自分の全能力を用いて考えます。私たちの生全体は思惟の中に包含されています。かくして、私たちの思惟方式はその生き方に影響を受けるのであり、沈思瞑想することは人間の全実存の蒸溜作用です。思惟は私たち自身の生の真実の総決算です。

私が自分をこのペン、紙、机の存在に関係づけている方法が、究極的な問いについての私の思索方法を左右しているのです。

究極的には、自己陶酔的で放縦な思惟をもたらす動力源などはありません。真正な思惟が生じるのは、この世との出会いにおいてです。私たちは諸々の概念の中で考察するだけではなく、この世の中においても考察します。思惟はこの世に対する人間の全体的関係を反映します。

人間存在とはこの世において存在し、この世において生きることです。生きることには、存在する他のすべてのものとの関係において、自分の役割を責任を持って理解することが含まれています。なぜなら、生きることはそれ自体の中で他と離れて存在することではなく、この世の厄介になり、影響し、開発し、消費し、理解し、誘導し、奪いあうことです。

人間は世界をどのように確認し見つめているのでしょうか。人間の目から見て世界の顔はどのようなものでしょうか。人間はどのようにして自分を世界に関係づけているのでしょうか。

人間は自分を囲む世界に関わるのに、二つの基本的な方法を持っています。**操作**（manipulation）と**感謝**（appreciation）の二つです。前者の方法で、人間は自分を取り囲むものの中に処理すべき事柄、動かすべき力、利用すべき対象を認めます。後者の方法で、人間は自分を取り囲むものの中に、認識し、理解し、評価し、驚嘆すべき事柄を認めます。

操作（マニピュレーション）（語根のマヌス manus は手を意味している）するために道具を作るのはまさに手であり、感謝（アプリシエーション）するのはまさに耳と目です。手の例にならうなら、視覚、聴覚、特に言葉も、操作するための道具となります。人間は開発するために耳と目を用い始め、言葉も道具となります。

仲間であることは感謝することによりますが、一方、操作は疎外の原因となり、その結果、対象と私は分離し、物事は死んでしまい、私は一人ぼっちとなってしまいます。さらに決定的なことは、操作の活力源が世界の像をゆがめることにあることです。現実が利用価値と同じものに考えられます。すなわち、私が巧妙に操作できるものが存在するのであり、操作できないものは存在しないということになります。操作の活力源は超越性を殺すことです。

意義ある存在という前提は、自分自身の存在を豊かに感謝をもって受け入れることです。知覚し、洞察の瞬間を持ち、時間の広がりの中で存在しているという特権を持つ——これ以上のことを要求する権利を誰が持っているでしょうか。

承認することは感謝することであり、感謝することの価値は非常に重要なので、感謝を正しく評価することが生存するための基本的先行条件のように思われます。人類は情報が不足したからといって死滅はしないでしょうが、感謝することがなくなったら滅びるかもしれません。

聖書の宗教はある意味で、物事の横暴さに対する反乱であり、この世における監禁に対する反抗です。人間が与えられている選択は、この世で道に迷うことでもあれば、世界を支配し救済するための共同者(パートナー)となることでもあります。

人間ははじめから自然の中に隠れているのでもなければ、完全に自然から派生しているのでもありません。人間は非人格的なもの、地球、それなりの存在などに降伏してはいけません。降伏すると次第に自己を抹殺するようになります。獣に変じて共食いするようになります。人間はただ単に自然界にいるのではありません。人間は自由であり、自然を超越し、征服し、支配することができます。プロメテウス〔訳注2〕の神話では、人間は神々の意志にそむいて火を盗んだのですが、聖書の中では、人間には自然を超越するために神の命令が与えられています。この精神において、神がアダム〔訳注3〕に火を起こす術を教えたとミドラシュ〔訳注4〕の中で言われています。

聖書によれば、自然の征服は目的への手段であり、人間による支配は誤解され乱用されたりしてはならない特権なのです。

超越性の否認

自然が人間の力に服従していることに気づく以前に、人間が明確に認識していることは、自然が人間に属してはいない、ということです。自然が他者であるという認識があって後に、自然を利用することが認識されます。しかしながら、力を求める衝動によって存在を支配しようとする結果、自然が他者であるという感覚を人間は失わざるを得ません。自然は道具、すなわち利用さ

〔訳注2〕　プロメテウスの神話とはギリシア神話に見られるもので、プロメテウスは天から火を盗んで土人形に生命を与えて人類を創造した。そのためゼウス神の怒りにふれ、コーカサス山の岩に縛られ、禿鷹に肝臓を食われてしまった。

〔訳注3〕　アダムは、天地がはじめてできた時に神が最初に土（ヘブライ語でアダマー）から造った人間。後にその伴侶としてエバが造られる。創世記二章七、一九節参照。

〔訳注4〕　ミドラシュとはヘブライ語聖書（旧約聖書）に対するユダヤ人のラビ的聖書注解。聖書本文の深遠な意義を探究し、教訓と建徳に役だてようとするもの。

れるべき対象物となるのです。世界は存在するものとしての存在をやめ、利用されるものとなります。

それは近代人がよく認識する服従の世界であり、そのような人は物性（シングフッド）の豊饒さに満足しているようです。宇宙は人間の野心の極限であり、それ以外に人間が望むものはほとんど何もありません。それに応じて、人間の意識はますます自己の状態を、消費する者と操作する者との状態に還元する過程を進んでゆきます。人間は物を利用することの中に自己を埋没させ、利用することの彼方にあるものには扉をおろして目もくれません。

人間の思惟方法は物事を単調にしがちです。あたかも物事には深みがなく、世界には二つの次元しかないかのように人間は物事を処理します。人間は力への感覚、美への感覚を持つようになってきましたし、物質的力の利用法、自然の美の享受法を知っています。知的には、人間は宇宙が自分のためにここに存在しているのではないこと、自分のエゴを満足させるために存在しているのではないことを知っています。しかしながら、現実の問題としては、あたかも宇宙の目的が自分の欲求を満たすためにあるかのように振る舞うのです。

排他的な操作は、結局すべての超越性に対する認識を分解させてしまいます。約束は口実となり、神は象徴となり、真実は虚構となり、忠誠は不確かなものとなり、聖なるものは単なる因習となります。まさに人間の実存こそがすべての超越性を食いつぶしているのです。宇宙の雄大さを直視しないで、人間はうまく言い逃れています。凝視もせず写真をとり、声を聞きもせずテープに録音するだけです。直視することのできるものを見ていないのです。

聖なるものに対する人間の感覚が中断しています。人間の心が、自己の理解範囲を超えるものに対して開かれている扉というよりは壁となりつつあります。人間は自分を世界から閉じ込め、すべての現実（リアリティ）を単なる物事に矮小化し、すべての関係を単なる操作に矮小化しています。

超越性とは信仰の事柄ではありません。それは私たちが真実に面と向かいあった時、すぐに出会うものです。

なぜなら、探究し支配しようとしている永続的対象の世界は、すべてがすべて現実であるわけではないからです。物事を知覚するためにそれらの物事が存在しているのではありません。それらは表面上私たちの道具として役立ちますが、その深淵では私たちの好奇心の届かないところにあります。

物事には利用できるところも、私たちの届かないところもあります。私たちはその物質的に既知の面を見抜きますが、その秘密を直視することはできません。それらが示しているものを量り、機能している仕組みを知っていますが、それらの実体が何であり、何を表象し、何を意味しているかが分かっていないことも知っています。木を描く時、通常十フィート以上の高さの一本の中心軸または茎（幹）を持った木質の多年生の植物として描きます。しかし、そのようなことが、私が直視している木に含まれていることのすべてでしょうか。

実存と便宜主義

人間は生まれながら自己中心的であり、便宜さを正誤の判断の最高の基準とみなしがちです。しかしながら、そのような性向を転じ、人間の知覚が時間と空間の外側では働かないと同様に人間の動機づけも便宜さのないところでは働かないという原理に、すなわち、人間は自分の自我を超えることは決してできないという原理に変えてはいけません。落ち込むかもしれない思惟で最も致命的な罠は、実存と便宜主義とを同等に扱うことです。

階級と国家的利益の自動調整力、すなわち現代の黄金の子牛〔訳注5〕に最終的に信頼することは、望ましい思惟です。しかし誰が、自分の本当の利益が何であるかを知るほど賢いのでしょうか。戦争とお互い同士の殺し合いになるような利害の激突は、便宜主義に最終的信頼を置く愚かさを証明しているのではないでしょうか。

便宜主義の至上権は、時間と真理によって論駁されつつあります。時間とは人間の力に反抗している実存の本質的次元であり、真理こそは競争する相手もなく、模倣する相手もいない至高の権威の中で君臨し、決して敗北することがないものです。人間は真理をでっちあげることができず、ただそれに服従するだけです。真理は人間に先行し、超越性の予表です。

絶対的なものとしての便宜主義は、人間が容易にはまる輪です。便宜主義が限界にきているところでは、存在は行き止まります。真正な実存が包含しているものは、高揚、聖なるものへの感情、負債の自覚です。

超越性を伴わない実存は、物が偶像となり、偶像が怪物となるような生への道です。超越性を否認することは、人間で在ることの本質的真実と矛盾します。否認の原因をたどっていくと、自己満足という無神経さ、軽蔑という高慢さ、存在の全体性や神秘性についての包括的認識というよりも気分、といったものにさかのぼることができます。

存在の真理のベールを取りはずすことを要求するような超越性の否認は、内的矛盾です。なぜ

〔訳注5〕 黄金の子牛は、モーセがエジプト脱出後シナイ山に登って神から律法を授かっている時、兄のアロンが偶像礼拝を要求する民衆の願いを聞きいれて鋳造した黄金製の子牛の偶像。出エジプト記三二章参照。

なら、存在の真理は、存在の内側とか存在についての私たちの意識の内側にあるのではなく、私たちの存在を超越したところにあるからです。

人間であるための教育に不可欠なことは、便宜的でないことに対する感覚を磨き、完全な便宜主義の欺瞞性を暴露することです。神の声は私たちの良心にはか細くしか聞こえないかもしれません。しかし、完全な便宜主義の報酬は破局であることを証明しているような神の巧みさが、歴史上に存在しています。

幸福とは自己充足、自己満足、独善の同義語ではありません。自己満足は空虚と絶望をかもし出します。自己満足は愚者の鎮静剤です。

自己達成などは、高尚な精神なら下劣であると気づくに相違ない一つの神話です。人間の中で創造的なものはすべて、果てしない不満の種から生じています。新しい洞察が始まるのは、満足が終わり、見たり言ったり行なったりしたことがすべてゆがんでいるように見える時です。

その目的は、私たちの野心と成就したものに対する不満を、そして満足することを知らない渇望を、いだかせ扇動することなのです。人間の本当の達成成就は、自己を超えるものとの霊的交渉（コミュニオン）によるのです。

私たちは、逆説に巻き込まれています。すなわち、不満とは征服するために求むべき不安の感情です。しかし、不満を根絶することは人間を機械に変えることです。目標がすべて達成された状態を想像してみましょう――病気は根絶され、貧困は取り除かれ、長寿は全うされ、都市共同体が火星や他の惑星に建設され、月は私どもの帝国全体の一部分とされた状態です。この時、天上の喜びも達成されるのでしょうか。

「この世には二つの悲劇しかない。一つは欲するものを獲得していないことであり、もう一つは獲得してしまうことである。後者は本当の悲劇なのである」と、オスカー・ワイルド〔訳注6〕は語ったのでした。

言うに言えないことの感覚

これを考察するに当たり、純然たる存在の前に畏敬の念をもって立ち、瞬間の驚異を直視するところに立ち戻らなければなりません。世界はただここに存在しているだけではありません。世

〔訳注6〕 オスカー・ワイルドは英国十九世紀末を代表する耽美主義の作家。宗教、道徳を否定して芸術を生活の基準とした。『獄中記』『ドリアン・グレイの肖像』『サロメ』など。一八五六―一九〇〇年。

界は衝撃を与えて私たちを驚きの中に投げこみます。

存在それ自身について私たちが確実に言えることは、存在とは言うに言えないものである、ということだけです。存在の中心が私と対峙しているのは、私の持っている諸範疇、純然たる存在とは一致しない得体の知れないもの、純然たる神秘としてです。私の探究力は容易に消耗し、言葉は消滅しますが、私がそれとなく感じることは空虚ではなく無尽蔵の豊かさ、言うに言えない豊饒さです。私が直視しているものを言葉に発したり表現したりできないのです。しかし、存在の豊饒さに直面しているという豊かさが、私に驚くほどの報酬を与えてくれます。すなわち、それは口にすべからざることの感覚を与えてくれます。

私たちが知っている存在、私たちが出会う世界は、眼前では他者として疎遠なものとして立ちはだかっています。それを利用し理解しようとする私どもの努力にもかかわらず、とらえどころなく不思議にも逸れたままで存在しています。存在とは信じ難きものです。

環境に対する私たちの関心は、利用されるもの、理解されるものだけに還元されることはできません。環境が内包しているものは、単にインクスタンドと吸取紙だけではなく、大空の不可解な静寂、星、雲、静かな時間の推移、自分自身の存在への驚きでもあるのです。私とは手段でもあれば目的でもあります。世界もまた同様に、手段でもあれば目的でもあります。この世についての私の見解と自己への理解が、お互いに相手を決定しているのです。この世を完全に操作することは、結局、自己を完全に道具化することになります。

世界は二つの方法で私に現われます。所有する物（シング）としての世界であり、直面する神秘（ミステリー）としての世界です。所有するものは僅かですが、直面するものは崇高なものです。所有するものを浪費しないように注意し、直面するものを見失わないように注意することを学ばなければなりません。私たちはこの世の表面では利用できるものを操作しますが、世界の神秘の前では畏敬の念をもって立ちすくむにちがいありません。私たちは存在者（Being）を客体化していますが、また、驚異の念、根本的な驚きの思いをもって存在者（Being）のところにも居るのです。

私たちの持てるものは、神秘に対峙する中での畏敬と根本的な驚きの認識だけであり、その認識のために神秘を悟ろうとする私たちの能力もぐらついているのです。

人は誰も星を嘲笑できないし、核爆発をからかうこともできません。世界の注目の的をナチスの凶暴に引きつけるために自殺した人のことを、誰もけなすことができません。

畏敬とは単なる感動以上のものです。それは自分自身よりも大きな意味を持つものを理解し洞察する道です。畏敬の念の始まりは驚異であり、知恵の始まりは畏敬の念です。

畏敬とは万物の尊厳への直観であり、万物はありのままの姿であるだけではなく、いかに遠く隔たっていようとも何かしら崇高なものを表象しているということへの認識です。畏敬とは超越的なものへの感覚であり、至るところで万物の彼方にある神秘を問いただす感覚です。それは私たちがこの世の中で神聖なものを模倣することを会得し、どのように小さなものの中にも永遠の意義の始まりがあることを感じ、平凡で単純なものの中にも究極的なものがあることを感じ取ることができるように、すなわち時の推移の慌しさの中に永遠なものの静けさを感じ取ることができるようにしてくれることです。分析しても理解できないことを、畏敬の念の中で気づくようになります。

信仰とは、信念でも、ある命題に対する同意でもありません。信仰とは超越性に、そして神秘の彼方にある意味に付着することです。

知識は好奇心によって養われますが、知恵は畏敬の念によって養われます。畏敬の念は信仰に先立つものであり、信仰の根底です。畏敬の念によって、私たちは信仰にふさわしく導かれなければなりません。

畏敬の念を失ってごらんなさい。自惚れによって、ものを崇める力を減少させてごらんなさい。そうすれば宇宙はあなたにとって市場のようなものになるでしょう。畏敬の思いを失うことは、洞察を忌避することです。敬虔の念に立ち返ることが、知恵の復活のために、また神の暗示としてこの世を発見するために、第一番目に必要な条件なのです。

現存在（プレゼンス）

イザヤ〔訳注7〕は偉大な幻を見ながら、主の声を聞く前に天使たちの声を感じます。天使たちが示しているのは何でしょうか。「聖なる、聖なる、聖なる万軍の主。主の栄光は、地をすべて覆う〔訳注8〕」と天使たちは言っています。

聖なる、聖なる、聖なる――とは超越性および神との隔たりを示す言葉です。主の栄光は、地をすべて覆う――とは神の宇宙における内在性すなわち現存在（プレゼンス）を示しています。この世の外観は、何かしら偉大な神の内在性を伝えています。

栄光とは審美的なものでも物質的なものでもありません。それは荘厳さの中で感じられ、しか

〔訳注7〕イザヤは紀元前七二〇年頃のヘブライの代表的大預言者。神の預言者になる幻を見てから約四十年の間、アッシリア、エジプトの両大国にはさまれて動揺腐敗したイスラエルの国で、ひたすら神にのみ頼ることを叫び続けた。

〔訳注8〕「聖なる……」は、イザヤ書六章三節で天使たちが呼びかわした言葉。

も荘厳さ以上のものです。それは現存在または現存在の輝きなのです。

主の栄光は地をすべて覆うのですが、私たちはそれを悟ることができません。なぜなら、それは私たちの届く範囲内にあるのに、私たちの理解を超えたところにあるからです。しかも、私たちには全く未知なものではないのです。

人には「現存在（プレゼンス）」が備わっているという表現を、英語で定義するのは困難です。たとえ行為と言葉で自己を表示していなくても、その存在が今・ここで感じられるような人々がいます。そのような人々には「現存在（プレゼンス）」が備わっているのです。また反面、いつもここにいるのにその存在に誰も気づかないような人々もいます。その外面によって内在的な力とか偉大さを伝えるような人々のことを、また、その魂が語る言葉を持っていなくてもおのずから輝き伝わるような人々のことを、現存在（プレゼンス）を備えている人と言います。

この世と対峙して立つ時、私たちの理解力を超えている現存在（プレゼンス）にしばしば気づきます。この世は私たちにとってあまりにも大きすぎます。そこには驚異がいっぱい詰まっています。現実の霊的な道具立てであるすべての存在物の周囲には、栄光、霊気（オーラ）が漂っています。

宗教的な人間にとっては、それはあたかも万物がその背を自分の方に向け、顔を神の方に向けているかのようであり、万物の栄光は神の配慮の対象となることにあるかのようです。

存在（ビーイング）とは現に存在すること（プレゼンス）であり、現に不在すること（アブセンス）です。世界を生ぜしめるために、神は御自身の現存在（プレゼンス）を隠さなければなりませんでした。また、世界が存在する余地を造るために、神は御自身の不在（アブセンス）を可能としなければなりませんでした。そして、世界が存在するようになると、否認、不在、忘却、抵抗がもたらされるようになりました。

情念（パトス）

存在することによって、時間・空間の連続性が意味されます。「それが在る」という時には、「それが持続している」ということを意味します。持続性は存在の力によります。かくして、存在の概念を超えて広がってゆくような意味を持つものによって、存在というものが可能となります。存在は存在自身の彼方を示唆しているのです。

私たちは空間の観点から考えることに慣れているので、「存在は存在自身の彼方を示唆している」という表現は、より高い空間の基準を示しているように受け取られるかもしれません。しかしながら、言わんとしていることは、存在よりも高い範疇、すなわち存在を支える力ということなのです。

なぜ存在は存在し続けるのでしょうか。示される答えはどれも、存在に不可欠な概念をつけ加えることになり、その結果、存在を唯一最高の概念と見なすことを不可能としています。

存在は、存在以上のもの、すなわち存在への配慮に開かれているか、依存しているか、あるいはまた存在は行きづまり、自己充足的立場で説明されているかなのです。前者の可能性の欠点は神秘への関連性の中にあり、後者の可能性の欠点は理性的な説明をするような見せかけをしている点にあります。

存在の法の総和である自然は、自然自身の立場で、物事が自然の中でどのように行動するかを、十分に説明することができるかもしれませんが、それらの物事がいやしくもなぜ行動するのかを説明してはくれません。なぜなら、不十分な理論についての幾つかの暗黙の仮定が、問題として残されているからです。

どのようにして説明なるものを説明するのでしょうか。自然の自己充足性というものは、自然を超えているものに自然が依存しているという考え以上に、すべての説明を凌駕する大きな謎ではないでしょうか。依存するという観念は一つの説明ですが、一方、私たちが自然の中にある生命について知っていることの観点からすれば、自己充足性とは先例も類似物もない概念です。自己充足性とはそれ自体、自己充足性を説明するのに不十分なのではないでしょうか。

存在の持続性が存在の力にとってどうでもよいようなことになったら、存在というものは止まってしまうでしょう。存在の持続性は、存在への関心を前提としています。存在を超えるものは存在への関心です。

人間実存を、本質と呼ぶ永遠にして半人格的な抽象概念と関係づけても、私たちの困惑はおさまらないでしょう。存在に対する超越的配慮を実存と関係づけることによってのみ、私たちは人間存在の真価を正しく認めることができるのです。

究極的な問題は、存在ではなくて存在への関わりあいです。存在に先行するのは無ではなく、存在への関心です。すなわち情念（パトス）であり、理性（ロゴス）でもあります。神を存在に還元することはできません。神とは他者を存在せしめるものとして、他者の存在を配慮するものとして存在します。

存在の上を徘徊する配慮があります。存在を超えるものは、存在への関わりあいです。存在に対する神の配慮がなかったなら、存在というものは存在しなかったでしょう。

何が存在を説明してくれるのでしょうか。超越的、他律的関わりあいたる情念です。道徳的価値の軌跡は、超越的関与の存在によって定義される状況の中にあります。生は三次元の広がりを持っています。すなわち、行為はすべて二つの座標軸によって評価され、横軸が人間で、縦軸が神です。

思想家が行なう最も重要な決断は、何を最も重要な問題と考えるようになったかに反映されています。アルベール・カミュ〔訳注9〕によれば、「本当に深刻な哲学的問題はたった一つしかない。すなわち自殺である」。私はそれとは違っているかもしれませんが、本当に深刻な問題はたった一つしかないと示唆できるかもしれません。すなわち殉教です。死ぬだけの価値あるものがあるでしょうか。

真理のために死ぬ力があれば、真理を生きることができます。自殺は悪からの逃避であり、不条理への屈伏を意味します。殉教とは、悪しき不条理をものともしない聖なるものの証言なのです。

人間存在の偉大さに関するニーチェの定式は**運命愛**（*amor fati*）〔訳注10〕です。しかしユダヤ人の伝承によれば、人間の偉大さに関する定式は**神の御名の聖化**（*kiddush hashem*）〔訳注11〕に対する能力、すなわち、神のため、神の御名のために進んで死ぬことです。

しかも、たとえ神による創造が人間の堕落より前にあっても、人間は祝福を呪いに変え、堕落させるために存在を利用し、神の言葉という妙薬を猛毒に変える力を持っています。人間の持っている堕落の機能は、長い歴史の広がりの中では、一時的ではあっても、何度も、神の計画を滅ぼしているのです。しかしながら、人間のわがままも歴史の中では決定的な力とはなっていません。私たちは創造と堕落の両極端に揺れ動くドラマの中にいるのです。創造が常に行なわれてい

〔訳注9〕 アルベール・カミュは現代フランスの代表的作家。人生の無意味を直視し、そこからの反逆を説く不条理の哲学を唱え、限界状況における人間を追求した。『異邦人』『ペスト』『シジフォスの神話』など。ノーベル文学賞受賞。一九一三―一九六〇年。

〔訳注10〕 運命愛は、ニーチェが『ツァラトゥストラかく語りき』の中で代表的に展開した永遠回帰（Ewige wiederkunft）の思想の中に見られるもの。世界は力によって充実されており、しかもその力は有限である。他方、この力の内的本質としての時間は、未来・過去ともに無限である。したがって、世界のすべてのものは、瞬間ごと、かつてあったものの反復にすぎず、等しきものの永遠の回帰とされる。ここからあくまで自己の運命を深く見つめ、自己が運命にほかならないことを知り、運命を自らのものとし、現実を肯定して自己を生き抜けとの「運命愛」が説かれ、彼の他の根本思想「超人」「力への意志」とのつながりが生じてくる。

〔訳注11〕 キッドゥーシュ・ハシェームのヘブライ語の意味は「神の御名の聖化」であるが、この語は本来は、本文にも示されているように殉教を意味していた。しかし後には非ユダヤ人の目から見て、ユダヤ人やユダヤ教に見事にみられる誠実で高潔な行為をさすようになった。

ると同様に、贖(あがな)いも常に行なわれています。結局最後には、神の配慮が人間の反抗を滅亡させることを私たちは信じています。

神と世界とは相反する両極ではありません。世界は暗闇に包まれていますが、「光あれ」〔訳注12〕という声もそこにはあるのです。肉体も魂も愚かではありません。私たちは「あれかこれか」〔訳注13〕(Either—Or)、すなわち「神か世界か」「この世か来るべき世か」どちらかを選ぶように命令されてはいません。命令されていることは、これとあれ(Either and Or)、神と世界を受け入れることです。来るべき世に与(あずか)るために戦うこと、および神がこの世においても与っているということが、私たちの頭上にあることなのです。

〔訳注12〕「光あれ」は創世記一章三節参照。

〔訳注13〕「あれかこれか」は、デンマークの宗教思想家セーレン・キルケゴール(一八一三―一八五五年)に同名の書がある。彼は合理主義的なヘーゲル的弁証法と世俗的教会的キリスト教に反対し、人生の深刻なる意味を世界と神、現実と理想、信と知の絶対的対立のうちに見、後の実存哲学と弁証法神学に大きな影響を与えた。『死に至る病』『不安の概念』など。

第六章

いかに生きるべきか

近代の考え方は、真理の問題を生の問題から切り離したり、認識を人間の全体的状況から切り離したりしたため、しばしば迷路に入り込んでしまいました。そのような分離によりもたらされたものは、理性の孤立主義であり、人間についてのユートピア的ピントのはずれた理解です。内省するだけでは自己理解を獲得することはできません。人間の状況は生の真っ只中にさらされているのです。行為は自我の蒸溜されたものです。私たちは純然たる存在の中では主導性も自由も表示することができません。私たちの責任の所在は生の中にこそあるのです。

人間が自己に最も直接的に出会うのはどこでしょうか。抽象的な自意識の中でしょうか。「自分は存在しているということを知って」いたり、「自分は思惟しているということを知って」いたりする普遍性の中においてでしょうか。人間が自分に出会い自分自身を知って驚くのは、自分が発する言葉の中、自分が取る行為の中、とりわけ答えとしての生の中においてなのです。

人間の真実に近いのは、純然たる存在というよりは、むしろ生きることです。存在とは死んだ馬にも当てはまるかもしれませんが、私たちが関わっているのは生きている人間なのです。実際、人間存在（ヒューマン・ビーイング）と人間で在る（ビーイング・ヒューマン）ことを説明するのに用いられる範疇は、すべて生の果実なのです。

純然たる存在としては、人間は無名性の中に溶解しています。しかし、人間は単に存在しているのではなく、生きているのです。ハイデッガー〔訳注1〕が私たちにそうするよう要求しているように、もし人間が簡単に「存在に降伏する」ならば、人間は決断する能力を放棄し、自己の生を存在に還元してしまうでしょう。

存在するということは、受動的かつ自律的なことです。生きることの中で人間は自己を積極的にこの世と関連づけます。行為は生きることの言語であり、人間存在の唯一性、人間で在ることへの洞察を明瞭に述べています。

人間存在の決定的形態は人間の生です。かくして人間研究の至当なテーマは生の問題、すなわち存在というものをどう遂行してゆくかの問題となります。生きるということは存在を形に変え、形式を純然たる存在に提供することです。

人間の生は非常に常識的であり陳腐なものです。行為の反復や決まりきった言葉のため、私たちから生きることの尊厳が奪われてしまいます。自分の存在に形式を与える私たちの能力は、人間の生の特異性についての私たちの理解にかかっているのです。

意義ある存在を獲得するための保証とか確証はありません。意義ある存在が知らず知らずのうちに成就されると考えたり、生活の目標に到達するためには時間がたてばよいと思うのは、間違っています。人生とは、全体的にまた部分的に喪失したり勝ち取ったりする意味への戦いなのです。賭けられているものを、その賭けで失うこともあります。

創造性の根底には、単なる存在であることへの不満、この世の中に単に居あわせていることへの不満があります。人間は単なる存在に屈伏しないように挑戦を受けています。生は存在など乗り越えてゆくべきです。問題は、自己の存在をどのようにはっきりと生きてゆくかにあります。人間で在るということは、この世の中で生きることなのです。

〔訳注1〕 マルティン・ハイデッガー Martin Heidegger は現代の代表的ドイツの哲学者。ヤスパースと共に現代実存哲学を代表する。フッサールの現象学から出発して、サルトル、カフカらに強い影響を与えた。『存在と時間』*Sein und Zeit* など。一八八九―一九七六年。

単なる存在の不十分さのため、人間は存在以上のものに、すなわち存在を造り出し、意味に至る道にかりたてられています。私たちは存在——思想、事物、子孫、行為——を造り出すことによって存在を超えてゆきます。

もし至高の意味への人間の探究が、正当であり、人間で在ることの真実によって求められているのであるならば、また、その探究が自己を超越的意味に関連させることによってのみ遂行されうるのであるならば、超越的意味に自己を関連させることの正当さと要求とを確認しなければなりません。

前述のように、人間の苦境は非存在の恐怖、死の恐怖によるよりは、生の恐怖によります。というのは、生きることはすべて、過去に経験した不条理、残酷さ、無情さに対する払拭することのできない衝撃によって強く印象づけられているからです。人間存在とは苦痛の恐怖、恥にさらされる恐怖の中にある存在です。

苦悶は一つには人間で在ることに根ざしており、また一つには、社会的不一致によるだけではなく自分自身の存在についての誤解にもよります。生の恐怖が生じてくるのは、最も一般的には、失敗とか侮辱の経験、迷ったり拒絶されたりした経験からです。それは存在に根ざしているというよりは、私たちという存在が生きることの中に、すなわち他の人間存在との出会いの中に根ざしており、また、その恐怖は他に存在するものとの共存方法を知ったり、伝達しあうことができなくなったり拒絶したりすることに根ざしているのではなく、とりわけ、私たちの生を超越しているものに完全に包含されて生きることに失敗することに根ざしています。

私たちの失敗は、「……であること」から「……すべきこと」を、「諸々の事実」から「諸々の基準」を、自然から精神を、測定から必要条件を導き出しながら、価値の領域のことを実存の上部構造と見なしていることに原因があります。

人間存在は、シャンパンから靴磨き、チーズケーキから小石に至るまで、すべて存在するものの存在を分かち合っているのです。しかしながら、人間で在ることを、一連の他の存在物の中に分類したり設定したりすることはできません。前述のように、人間で在ることは、一つの物ではなく一つの行為なのです。その最大の特徴は存在することではなく、存在をどうするかなのです。

人間で在ることとは存在を人間化すること、無言の所与を変質させることです。人間で在ることによって、人間は純然たる存在を超えてゆきます。存在は無名であり沈黙です。人間化とは、存在に内在する意味の明確化です。

私たちの存在の根底においては、存在との関わりあいの自覚も何ら究極的確かさを与えてはくれません。不思議にも私たちをかりたてるものは、答えとして、叫びとして、存在を経験することなのです。

存在とは服従である

ハイデッガーの修辞的疑問文「現存在(ダーザイン)（the Dasein）というものは、それが存在するか否かについて、今まで自由に決定してきたのだろうか、また、いやしくも決定できるのだろうか」〔訳注2〕については、かなり前に次のような答えが与えられました。すなわち「あなたが生まれたのはあなたの意志に反しているし、生きているのもあなたの意志に反しているし、弁明しなければならないのもあなたの意志に反している……」と。人間存在の超越性がここで明らかにされているのは、課せられた生として、弁明すべき重荷として、自由の重荷としてです。存在の超越性とは戒めであり、今・ここに存在することとは服従することです。

私が自分の存在をもたらしたのではありませんし、存在の中に投げ込まれたのでもありません。私の存在は「在れ！」〔訳注3〕という言葉に従うことです。

戒(コマンドメント)めと期待とは存在の奥底で睡眠状態にあり、人間で在ることを意識することによって明るみに出されてきます。アダムが最初に聞くのは命令(コマンド)です〔訳注4〕。

まさにここに存在しているものとしての世界の概念とは反対に、聖書が主張していることは、世界は創造物である、ということです。「在れ！」という言葉はすべての存在の上に立っています。過去に存在し、現に今も存在しているのです。存在することは創造の戒めに従うことです。神の言葉は存在に賭けられています。純然たる存在の中には広大無辺の敬虔があります。存在するものは命令に対する応答として永続します。

哲学的に、存在に対する創造の優越性が意味していることは、「……すべきこと」が「……であること」に先行している、ということです。物事の秩序は神の「秩序」にまでさかのぼります。存在の究極的根源についての形而上学的考察にとらわれなくても、個人としての人間が告白することは、意志の存在を前提とした存在が、存在したいという意志の結果生じたものではない、ということです。私自身の実存は、実存したいという私の意志の結果ではありません。ある瞬間において私の生命は生じ、そして私を存在の中に保っていてくれるのは、私という物体の中にある不可思議な誠実さなのです。

〔訳注2〕　ハイデッガーの『存在と時間』第一編第六章四四節参照。
〔訳注3〕　「在れ！」は創世記一章三節参照。
〔訳注4〕　神のアダムに対する命令は創世記二章一六節参照。

存在への人間の意志と、存在すべきであるという人間の意志とは分離できません。規準から完全に独立している人間存在などは、想像上の虚構です。

意義ある存在への感覚の喪失は、存在についての戒めの喪失によります。存在とは服従であり応答です。「汝在り」ということは「我在り」ということに先行するのです。私は存在するように求められているからこそ存在しているのです。

前述のように、存在とは人間実存が見出す唯一の次元ではないのです。人間実存の特質は、存在と意味とが相互に包含しあっていることです。

私が暗示していることは、最初に中立的存在があって、それから価値が生じるということではありません。創造された存在とは、価値の中で生じた存在であり、意味を与えられている存在であり、価値を受容している存在であることを意味しています。生きるということは、意味を受容し、服従し、関与することなのです。

連続性

人は自分の行ないだけではなく、その存在にも責任があります。第一の問題は、個々の行為にどのように意味を与えるかではなく、全体的存在をどのように生きるか、意味の原型(パターン)として全体的実存をどう造りあげるかにあります。

幼児から老年に至るまでの全体としての人間実存に直面する可能性があるでしょうか。それとも人間は断片としてのみ生きることが、また互いに関係しあうことなく瞬間を通過することができるのでしょうか。

生きることの問題は、和解の問題として、また、存在しているすべての物との関連において、かつ人間が存在している真っ只中で他との関連において、自己に生きる規範（*modus vivendi*）をもたらす問題として、また内的生の領域内で作用している諸々の力を調和させる問題として、定義されるかもしれません。

人格の陶冶が、もし単に諸々の規準や原理を教えることに限られるならば、その効果はないままでしょう。その関心は、永遠の理念を教え込むのではなく、具体的な人を育てることでなければなりません。生命は粘土であり、人格は型です。私の複雑な内的・外的生に、どのようにして形を与え秩序をもたらすのでしょうか。どのようにして衝動、欲求、野心を調和させるのでしょうか。どのようにして自我を単純化させるのでしょうか。目標は実存に輪郭を与え、すべての生に規準を与えることにあります。

正しい生活は芸術作品のようなものであり、それは幻（ヴィジョン）の産物、具体的状況との葛藤の産物です。

一方、人間を今・ここにだけいる者として分析することはできません。ここだけであってならないのは、その人の状況が、世界中の遠隔の地にまで点在している他の人間の状況と意図しあっているからです。今だけであってならないのは、その人の全体的存在が、ある意味では過去数世代の総和であり、先祖の諸々の経験と思惟の蒸溜体であるからです。

真正なる個人は世代の終わりでも始まりでもなく、思い出と期待、双方の世代を結びつけるものです。瞬間はすべて、歴史の連続体の中では新しい始まりです。瞬間を分離させてしまい、過去も未来もそれに包含されていることを感知しないのは誤りです。控え目に言っても、過去は未来とは異なっており、捨てられることを拒みます。相続者となる人のみが開拓者となる資格を与えられています。

自己放棄や任意性は、実存を矮小化して、出来事（イヴェンツ）を創造する力が阻止されている推移変遷（プロセス）の中に投げ込んでしまいます。個人の知恵では、他人に対して「否（ノウ）」を言う能力を十分、正しく評価することはできません。もし伝統の教えてくれるものを受け入れないならば、人は基本的な経験から、また自覚が徹底的に不足したり急激に生じたりすることから、自己否認が自己充足に劣らず重要なことがわかるでしょう。

私たちの社会が教えていることは、豊かな力をもたらし、豊かな文明は豊かな慰めをもたらしてくれる、ということです。しかし、私たちは預言者的幻(ヴィジョン)の精神をもって、豊かな知識は豊かな尊敬を意味すべきであり、豊かな文明は暴力の減少を意味すべきである、と主張すべきであったのです。

私たちの文化の失敗は、個人にあまりにも要求しないためであり、権利と義務の相互関係を悟らないためであり、奪うことのできない権利と同様に奪うことのできない義務もあることを悟らないためでもあります。私たちの文明は慰めを豊かに提供してくれ、その返礼をほとんど要求しません。私たちの教育は本質的に「然り(イエス)」教育であり、他人に「否(ノウ)」を言う術の訓練はほとんど受けていません。

最も重要な儀式対象は祭壇であるのに、その祭壇は破壊されつつあります。

人間で在ることの不安定さ

人間で在ることは非常に不安定な状態です。それは一つの物質(サブスタンス)ではなくて一つの現存在(プレゼンス)であり、荒野で聞こえる囁(ささや)きです。人間は内なる声を聞きとるのに困難を覚えますが、一方、鋭い貪欲な目を持っています。人間が放つ力は人間本来の力を凌駕し、本人を眩惑させます。人間には浪費し、贅沢し、出しゃばる能力が備わっています。人間の能力は爆発的です。人間存在には限界がありませんが、人間で在ることは限界に敬意を表わします。人間の状況を特徴づけるものは、人間存在と人間で在ることとの両極性でしょう。

人間で在ることとは、人間存在を人間本性に賦与することです。それが要求するものは、誘惑への抵抗、挫折に直面した時の精神力、目さきの満足に負けない力です。それは容易に放棄されうるし、かつ、私は非人間的な者だし、人間的なものは一切私とは関係ない、という告白を正当化しうるものです。

諸々の要求に応じて実存を深めるために、私たちの良心への要求を抑える衝動が、私たちの内にあります。負債感がまず鈍くなり、次にその負債感は傲慢、財産欲、権力欲によってすっかりなくなってしまいます。人間的、国家的関係は、たった一つの形態、すなわち、ある者が権勢をふるうとある者は支配される、という形態に還元されてしまいます。

人間は強情で、冷淡で、残忍となりうる者であり、聞いたり、見たり、認めたりするために、自己を開示することを拒むこともできます。神の像でさえも悪魔の像に変わりうるのです。

人間で在ることへの要求と動物であることへの願望との内的緊張にもかかわらず、選択の余地は現実的にはほとんどありません。人類は動物性に戻ることのできない地点にまでやってきました。獣となった人間は、人間に対立するもの、すなわち類型を異にする特殊（*sui generis*）な生きものとなるのです。人間の対立物とは動物ではなく悪霊です。

創造は不条理と無を除外してはいません。暗闇にはどこででも出会うでしょうし、不条理の奈落はいつも私たちと一歩と離れていないところにあります。行くべき道は常に一つならずあり、自由を余儀なくされ——私たちは自分の意に反して自由なので——その方法と理由も分からないままに、厚かましくも選択などするのです。私たちの失敗は道すがら閃光のように走り回り、正しいことは地下に隠れてしまいます。存在の全領域において私たちは少数者であり、現状に適応する非凡な才能を用いて、しばしば多数者に加わろうとします。私たちは自分たちの属する自然界の中でも少数者であり、激情の苦悩と戦いの中にある時などは、しばしば獣を羨む道を選びます。すなわち、あたかも動物の国が私たちの失った楽園であるかのような行動をとり、その楽園に束の間の喜びを求めて戻ろうとし、幸福なのは動物の状態にあることだと信じます。心中には獣のようでありたいという果てしない願望、動物に対する郷愁的称賛の気持ちがあります。現代の一科学者によれば、「人間の最大の悲劇が起こったのは、人間が四つ足で歩くのをやめて、直立した姿勢を取ることにより動物界と別離した時です。もし人間が水平に歩き続けていて、兎が垂直に歩くことを知っていたならば、世界の大部分の病気は存在しなかったでしょうに」と。

人間は自然界の他の生き物たちと、無限にほとばしり出る神の霊との両方につながっています。存在するものの領域のうちで少数者である人間は、神と獣との間のどこかに立っています。たった一人では生きることができないので、この二者のうちどちらかと交わらざるを得ないのです。

アダムも獣も共に神に祝福されましたが、人間の方は地球を征服し獣を支配する責任を負わされてしまいました。人間は常に神か蛇かどちらかを選ばざるを得ません。獣を羨み、トーテム〔訳注5〕を崇拝してそれに支配されることの方が、神の声に耳を傾けることよりも常に容易なことです。

私たちの実存は動物性と神性の間で、人間性以上のものと以下のものとの間で動揺しています。下にあるものは凋落、空虚であり、上にあるものは敬虔と霊という真正な通貨を貯え、滅びゆく生命の後に残る不滅の遺産を貯えてある神の宝庫に至る開かれた扉です。私たちはたえず死の挽き臼の中にいますが、また神との同時代人でもあります。

人間は「神に僅かに劣るものとして造」（詩編八編六節）られ、ただ少しく獣よりも高く造られています。人間は振り子のように、重力と運動の結合作用、すなわち自我という重力と神性という運動の結合作用、肉と血の暗闇の中で神に見つめられている幻（ヴィジョン）の結合作用のもとで前後に揺れ動いています。私たちがその幻に対する自分自身の関わりあいを無視する時、自分の実存の意味を理解できなくなります。しかし、ぎらぎらするもの、皮相的なものをしっかりと油断なく見つめる目だけが、いぜんとして人間の愚行、虚偽、俗悪、悪意といった恐怖に襲われている魂の闇の中で、神の幻を感じることができます。

人間はその無限の能力を与えられているゆえに、潜在的には、存在するもののうちでも最も邪悪なのです。人間はしばしば、神に恐怖を抱くことによってしか鎮められないような残忍な行為をする情熱を持ち、湧出する妬みの念を窒息させることもできますが、それに新鮮な空気を与えて蘇生させることができるのは神の神聖さのみです。

もし人間が人間以上のものでないならば、人間以下のものなのです。人間とは、動物と神との間の短い危険な段階にしかすぎません。その状態は、一つの絶えざる動揺、高揚と凋落の揺れです。迷わない人間性などは存在しません。解放された人間はまだ現われてはいないのです。

人間は、それ自身としてのみ存在する時より、もっと豊かな存在として生きる可能性に開かれています。人間は、その理性には限界があり、その意志は邪悪であるかもしれませんが、神との

〔訳注5〕トーテムは、北アメリカ先住民の間で家族・部族の象徴として崇拝する自然物、特に動物。

関係の中に立っています。もっとも、その神との関係を裏切ることはあるかもしれませんが、完全に断ち切ることはできません。そして人間の生の本質的意味を構成しているのは、この神との関係なのです。人間は、天と地が織りなす結び目なのです[1]。

人間が自分自身にとって問題（プロブレム）であることは、挑戦（チャレンジ）を受けていることを表わしています。苦境からの唯一の出口は、その苦境が単なる惨めな境遇ではなく、乗り越えるべき一つの務めである、ということを悟ることにあります。私たちは、直面していることに応答すべく挑まれ、招かれているのです。

この世で挑戦（チャレンジ）を受けること

孤立した自我、「一般的意識」、知的社会的要因の影響を受けない自己充足的・自然発生的な行動という意味での人間本性などは、抽象的概念です。

もし人間で在ることを喚起する力、すなわち究極的な自我を喚起する力が正しく理解されないならば、自我の病理も理解されないでしょう。たとえば、退屈は自意識の病気であり、絶対に不可欠な喚起力を感じることのできない結果です。絶望は挫折というよりは、私たちが対決している挑戦（チャレンジ）を深刻に個人として聞き取ることができないためです。

人間存在の核心にあるこの喚起力を、私たちはどう説明したらよいでしょうか。純然たる存在を超える方向性に対するこの関心は、どこから来るのでしょうか。それは、人間はまさにその実存において、自分でも気づかない関与（コミットメント）を包含しているという事実によるようです。この関与は記憶の中にも潜在意識の中にも閉じ込められてはいず、実存の中で活動し神秘的に存在しています。

確かに、人間には諸々の欲求に先んじて一つの欲求を抑えることにより、この挑戦を鎮圧するだけの力が備わっています。イデオロギーによってしばしば正当化され歓迎されるこの手続きは、特定の欲求を偶像化する結果になります。しかも、すべての偶像崇拝と同様に、最後には棄て去られてしまいます。歴史とは崇拝される偶像と破壊される偶像との巨大なパノラマです。

人間の危機は、この挑戦を受け入れることができないこと、また受け入れる時でさえもそれを人間の全実存にとって最優先の問題として認識しないことによります。

この世は一つの務め（タスク）であるばかりでなく一つの問題（プロブレム）でもあります。私たちが意味を見出すの

（1）A・J・ヘッシェル著『人は独りではない』二一〇頁以下。〔邦訳二二〇頁以下〕

は、その問題が務めであることに気づき、その務めの中での自分の役割を感知する業を深め、この世が一つの期待にして問題であることに気づく時です。

意味それ自体は、私たちの実存の中にひそかに入り込んできます。私たちはそれを取り押さえたり征服したりすることができず、その中に巻き込まれるだけです。

人間が生きることとは、実際、単に今・ここに居たり、居あわせたりするのではなくて、ジレンマの中に在ること、きびしい追及の中に在り答えを求められることです。人間はたった一人で放置されているのではありません。

他のすべての存在物とは異なり、人間は自分がさらされ、挑戦され、裁かれ、対決させられているのに気づいています。人間で在ることは問題で在ることです。驚き、葛藤、探索、苦境は自らに課した病なのでしょうか。挑戦と葛藤を除いてごらんなさい。そうすれば人間には人間性がなくなるでしょう。挑戦を受けるということは人為的態度とか認識ではなく、存在の本質的様態です。

挑戦が私に襲いかかってきます。疑問が私の上に押しかぶさってきます。私は自分の実存を超えることができないように見えます。しかも私を超え、私を混乱させるのは、まさにその疑問なのです。その疑問はどこから来たのでしょうか。人間で在ることを混乱させてそれに疑問を抱くような内在的傾向が、人間で在ることの構造にはあるのでしょうか。

挑戦を受けていることを認識することは神話にすぎない、と考えること自体が神話です。人間の心は神話を創ることができます。しかし、心それ自体は神話なのでしょうか。

人間が生きることは、この世で挑戦を受けることであり、ただ単にこの世にいるのではありません。この世は私の上に押しかぶさり、そこから逃れることはできません。人間は絶えずこの世にさらされ、この世から挑戦され、この世を感じ理解します。人間はこの世を避けることができません。それは、あたかもこの世が人間に包含され、人間に賭けているかのようです。

子供が認識する最初の考えは、自分が呼ばれていること、ある方法で答えたり行動したりすることを要求されているということです。自分に要求されることに反応する行為の中においてこそ、子供は社会と自然の一員としての自分に気づき始めます。なすべき務め、自分を待っている務めを認識しないならば、人間は自分をはみ出し者と見ます。私たちが獲得しなければならない務めの内容、務めへの探究は、意識下において与えられます。

私は自分の実存を、今・ここにいる存在をどうすればよいのだろうか、生きているとはどういう意味なのだろうか、私の意志と知性にとって生きているとはどういう意味なのだろうか、などの問いによって自我が取り囲まれているのを避けることはできません。その最も特徴的な状態は、純然たる存在に満足せず、単に居あわせたり、ここに居たりすることから生じてくるのではない挑戦によって誘発されることです。自我は問いを発し、人間存在を超えて行きます。ブレンターノ〔訳注6〕とフッサール〔訳注7〕がすでに示したごとく、意識が常に観念を設定するように、自意識が挑戦を設定します。自我の意識が生じてくるのは、挑戦されている時、求められている時、拒絶と応答の選択の中にある時なのです。

求められていること

この世で挑戦を受ける存在としての人間の生が理解されるのは、求められ、要求され、期待されている観点においてのみです。意義ある生とは、人間に期待され求められていることに調和させようとする試みです。

求められているという感覚は、論証する能力に劣らず、人間で在ることにとって本質的に重要なことです。求められているという感覚を論証能力から引き出すのはこじつけであり、この二つを同等に考えるのは間違いです。

求められている感覚はあとからの思いつきではなく、人間で在ることに与えられているものです。すなわち、人間で在ることに附加されたものではなく、それに根ざしているものです。

真正な生に包含されていることは、意味の直観だけではなく要求への感受性でもあり、目的だけではなく期待でもあります。要求への感受性は、生理機能が人間に本来備わっていると同じように、人間で在ることのためには本来的なものです。

人には要求をすることができますが、彼は要求されているものに応える能力をも備えており、自分の欲求や欲望を満たすだけではありません。人間存在だけが、応答することができると言われています。応答とは人間が自分に負わせる何かではありません。人間は応答する能力のおかげで自己たるのです。もし応答を阻まれたなら、人間は自己であることもやめてしまうでしょう。愛、意味への情熱、称賛能力といったような人性(パーソンフッド)を構成する資質が、理性の要求するもの

〔訳注6〕 フランツ・ブレンターノ Franz Brentano は、アリストテレス哲学に立ってカントおよびドイツ観念論に反対して実在論を唱え、基礎学として記述的心理学の立場を創始したドイツの哲学者。『経験的立場からの心理学』 *Psychologie vom empirischen Standpunkt* 『道徳的認識の源泉について』 *Vom Ursprung sittlicher Erkenntnis* など。一八三六―一九一七年。

〔訳注7〕 エドモンド・フッサール Edmund Husserl は、論理学の心理主義を排し現象学派を創始したドイツの哲学者。『論理研究』 *Logische Untersuchungen* など。一八五九―一九三八年。

であるとは、ほとんど考えられません。もっとも、理性は愛されたり称賛されたりするのにふさわしいものが何であるかにつき方向を与えなければならないのですが。それらの正当性は、人間で在ることのためにそれら自身が要求されていることの中にあります。

ここに、人間についてのギリシア的概念と聖書的概念の根本的相違があります。ギリシア精神にとっては、人間はとりわけ理性的存在です。理性的行為が人間と宇宙を調和させるのです。しかし、聖書的精神にとっては、人間はとりわけ命令される存在、要求される存在です。その中心問題は「存在とは何か」ではなく、「私には何が求められているのか」なのです。

ギリシア哲学は、至高の生ける唯一の神のいない世界で始まりました。それは神々や神々の行為の規範を受け入れることができませんでした。プラトンは神々と断続して、「善とは何か」と問わざるを得ませんでした。かくして価値の問題が生じたのでした。この価値の理念こそが唯一神の座についたのでした。プラトンはソクラテスに語らせています、「善とは何か」[訳注8]と。しかし、モーセの疑問は「主があなたに求めておられることは何か」[訳注9]ということでした。

負債のあること

最も意義ある知的行為は、生きてゆくためには何が最も根本的な疑問かを決定することです。

存在論の問いは、「存在とは何か」であり、認識論の問いは、「思惟とは何か」であり、人間の心の問いは、「私には何が期待されているか」であり、また聖書の言葉では、「私には何が求められているのか」です。

洞察の根源は、答えを求められているという認識です。個人的問題の上になお、そこには不公平、不正、無力、苦悩、怠慢、圧迫などを征服すべき客観的挑戦があります。欲望の喧噪の上になお、そこには召命、要求、待機、期待があります。私がどこを向こうともいつもつきまとう問いがあります。すなわち、「私に何が期待されているのか。私に何が求められているのか」と。

私たちが出会うのは、単に花や星、山や城壁だけではありません。万物の上になお、崇高な期待、待機があるのです。子供が生まれるたびごとに、新しい期待が世界にもたらされます。

このこと、すなわち、何かが私に求められているということが、すべての人間の生の中で最も重要な体験です。人間には、みな、自分を待っている神秘的なものを感知する瞬間があります。

〔訳注8〕　ソクラテスの倫理観は、善とは何であるかの一般的概念規定が中心問題であった。
〔訳注9〕　申命記一〇章一二節。

意味とはこの要求に応える時、この要求を感知する時に見出されるのです。

私たちの存在が単なる存在ではなく創られた存在であるがゆえに、私たちが人間で在ることと同時に、負債が与えられるのです。前述のように、創られているということは、「……すべきこと」が「……であること」に先行していることを意味しています。世界とは、その表面において人間が所有権よりはむしろ負債を感じる類のものです。世界とは、その存在を感じるに当たって人間が責任を負うだけではなく、応答もしなければならない類のものです。

負債は、まさに私たちの存在と共に与えられます。それはいろいろな概念から派生したものではなく、概念化されたり概念内容が明示されたりする以前に、私たちの中に意識として存在しているのです。それは務めを持っていること、呼ばれていることを意味しています。それは獲得するものとしてだけではなく、受容するものとしても生を味わうことです。その主旨は、与えられている賜物に対する感謝の念です。それは生物学的なギヴ・アンド・テイクの関係以上のものです。

負債とは人間で在ることの情念(パトス)であり、関与(コミット)された自我の自己確認であります。すなわち、それは実存の意識と共に与えられるのです。人間は自分のことを、負債を意識しない人間と考えることはできません。かくして、それは単なる感情ではなく、むしろ人間で在ることの本質的特徴です。負債を除去することは、人間の中の人間性たるものを破壊することになるでしょう。負債感は、すべての人間の意識の中に存在しているにもかかわらず、義務、責任、誠実、良心、犠牲というように色々に訳されます。とはいえ、これらの言葉の内容と方向は解釈に基づいて行なわれます。

負債感が伴わず、自我、利益、欲求を超越しなければならない意識が伴わず、利用と称賛、満足と高揚が共に包含されているという認識が伴わない人間実存には、何ら真正性がありません。

物を知ることとは、何かに出会ってそれに名前をつけ解釈することではありません。物を知ることとは、物事それ自体が私たちの上に押し出てくることです。

思惟とは創案することよりも、存在に応答することです。人間精神の寛大さにより秩序と一貫性が与えられるのを待ちながら、世界がひれ伏しているわけではありません。物事は私たちを喚起します。自惚（うぬぼ）れが沈黙しすべての言葉が停止する時、世界は語るのです。耳を傾けるためには、陳腐な決まり文句（クリシェ）を焼きつくして空気を清めなければなりません。概念的な陳腐な決まり文句（クリシェ）は偽物であり、先入観念などは身体に合わない衣服のようなものです。知識には、愛、知らんとしている物への関心、憧憬、引きつけられること、圧倒されることが含まれているのです。

問われているという体験

しかし、値段もつけられないほど貴重で、拘束されない自由の中にいる人間が一体、誰に何の借りがあるというのでしょうか。問いかけはどこから来るのでしょうか。人間は誰のために責任を負っているのでしょうか。

宗教は絶対依存の感情である、と今日まで定義されてきました。しかし、宗教の一つの根底を個人としての負債感と定義することにより、私たちは一層よく宗教を理解するようになります。神は私たちが依存する力であるばかりではなく、要求したまう神でもあります。何かが私たちに問われており、私たちを必要としている目標がある、という確信によって宗教は始まります。他のすべての価値とは異なり、倫理と宗教の目標は、私たちの中に責任感を喚起します。かくして、宗教的生とは私たちを必要としている目標に仕えることにあります。人間は神聖な必要物であり、神は人間を必要としています。宗教は生の神秘に対する感情、畏敬、驚異、恐怖の念――もっともこれらは宗教の根本でありますが――ではなく、むしろ、生の神秘に対する感情をど、う、す、る、のか、畏敬、驚異、恐怖の念をどうするのかという問いかけなのです。神についての思いが始まるのは、もはやいかに驚き、いかに恐れ、いかに畏敬の念にふれるのかが分からない時です。なぜなら、驚異とは審美的享受の状態ではないからです。無限の驚異は無限の緊張であり、それは、緊張状態においても自分の畏敬の念の不十分さと衝撃を覚えることの貧弱さに驚愕を覚える状況であり、かつ、究極的疑問を問われている状況です。

魂には負債感が与えられていて、驚異、畏敬、恐怖の念がその負債感の扉を開けてくれます。驚異とは私たちが問われている状態です。

私たちの誇りとか獲得欲にもかかわらず、何かが私たちに問われているという意識によって、すなわち生の荘厳さと神秘とに調和するような方法で驚き、尊敬し、思惟し、生きることを問われているという意識によって、私たちはかりたてられています。

宗教を生ぜしむるものは知的好奇心ではなく、問われているという事実と体験です。

私たちに残されたものは、選択すること――答えるのか、答えを拒むのかを選択することだけです。しかも、深く耳を傾ければ傾けるほど、ますます一人で拒むことを可能とするような傲慢と無神経の衣を、脱ぐようになります。驚異という積み荷を運び、その積み荷を何のために生きるのかを知るという単純さと交換したいと願いながらも、その積み荷を放棄することもできず、目的の場所も分からないまま運び続けます。

もし畏敬の念がめったに生まれず、驚異の思いが枯渇し、神秘への感覚が消滅しているならば、畏敬、驚異、神秘をどうすべきかという問題は存在しないでしょうし、人は自分が問われているということも感知しないでしょう。問われているという意識は簡単に抑圧されるものです。なぜなら、それは小さくて静かな告示のこだまだからです。しかしながら、その意識は永遠に抑圧されたままではありません。静かで小さな告示の声が「御言葉を成し遂げる嵐」（詩編一四八編八節）のようになる日が来るのです。

実際、心の中の死んだような空しさは、生きている人間には耐えることができません。私たちは自分自身に問われていることを知らないならば、生き残ることができないのです。

我命令される――故に我在り

誰も石の存在の実体と確実性を疑う人はいないでしょう。しかし、人間は、人間で在ることの実体をどのようにして認識し確立するのでしょうか。人間で在ることなど一人よがりの重荷ではないでしょうか。私は自分の動物性を決して疑いません。しかし、人間性とは私の存在に本来備わっているものでしょうか。まさにこの人間性という概念は、幻想、空想、偶発症状ではないでしょうか。すべては疑うことから始まります（*De omnibus dubitandum*）。しかし、一つのことだけ私は確信しています。それは、成就の瞬間におけると同じように挫折の瞬間においても、決して逃れることのできない挑戦を受けている、ということです。人間はその実存のすべての段階において、避けることのできない本質的な挑戦を受けているのです。人間が自分を一個の人間存在として見出すのは、挑戦を受けているということの中においてです。私は人間存在として実存しているのでしょうか。私の答えは、我命令される――故に我在り、ということです。人間の意識の中には負債感が内在し、帰すべき感謝の意識があり、またある瞬間には、生の荘厳さと神秘とに調和するような方法で反応し解答し生きることを求められているという意識があります。

人間で在ることの究極的正当性は、預言的瞬間によります。関心、反応、人間探究といったものが自己導入的であったり、社会の有機的組織体の単なる機能であったりするならば、人間で在ることは単なる一つの体験――しかも挫折する体験――と見なされるに違いありません。人間で在ることの真実は、超越的に必要とされていることに応える人間の負債感によるのです。

そのような自覚がなければ、人間は精神的には狂気であり、創造的でありえず責任を負うこともありえません。人間は命令されている存在であり、その要求を感知する時に意味の中に入ってゆくのです。

私たちに求められていることを理解できないことが、不安の根源です。私たちの実存的負債を受け入れることが、正気に至る先行条件なのです。

世界は人間が造ったものではありません。地球は神のものであり、遺棄物ではありません。私たちが所有しているものを、実は私たちは借りているのです。「主はわたしに報いてくださった。わたしはどのように答えようか！」（詩編一一六編一二節）。

困惑

知者に知恵を誇らせてはいけません。力ある者に力を誇らせてはいけません。誇る者には、自分には究極的困惑感があることを誇らせなさい。人間がこの地上では最大の奇跡であるのにそれが理解できないとは、何と困ったことでしょう！　人間は偉大さの影の中で生きているのにそれを無視するとは、神と同時代人であるのにそれを感知しないとは、何と困ったことでしょう。宗教は、人間が自己の究極的困惑をどうするかによります。それは世界が自分にはあまりにも大きすぎるという意識、存在の荘厳さと神秘に対する意識、考えることもできないほど永遠の長編冒険物語（サーガ）の場にいるという意識です。

困惑とは、人格と挑戦との、知覚力と現実との、知識と理解力との、神秘と包容力との不均衡を意識することです。時間のはかなさを味わいながら、人は人間の主権者意識のばからしさに気づきます。人類の無限の惨めさに対峙しながら、その惨めさを和らげようとする人間のすべての努力が不十分なのに気づきます。人間の内的苦悩に対峙しながら、人間は完全な便宜主義が欺瞞的であるのに気づきます。

困惑とは、生きる中で私たちが不思議な期待感を再び満たしているのか、それを空虚にさせているのかいずれかである、ということを発見して応えることです。それは、衰弱するかもしれない実存の荘厳さの意識、無視されるかもしれない待機の意識、逸するかもしれない唯一の瞬間への意識を包含しています。困惑とは、内的悪の爆発、尊大、傲慢（ヒュブリス）、自己神格化から人間を守ることです。困惑が消滅してしまうならば、人間性は死滅するでしょう。

自己の困惑を正しく示さないようにするために、自分の魂を美容院にゆだねないような人、虚栄の化粧を用いないような人はほとんどいません。私たち皆が裸のままで立つのは、まさに神の前においてのみです。

私たちがいつの瞬間においても直面している挑戦は巨大であり、いつの時間においても直面している時は雄大です。私たちは神の同時代人として、いくらか自由になる神の力を手にして、ここに居るのです。

誠実な人間が謙遜なのは、自分の最も秀れた資質でさえもそれほど貴重な資質とは思わず、すべての確信の根拠も泥のようなものであることを自覚しているからです。生命に執着する意志がなければ、一体何が人間の永続的関心なのでしょうか。

困惑は宗教的関わりあいに先行するだけではなく、宗教的実存の試金石でもあります。人間が神の像に似せて造られているのに神を認識することができないとは、何と困ったことでしょうか。ヨブの言葉にこうあります。

神がそばを通られてもわたしは気づかず
過ぎ行かれてもそれと悟らない。

ヨブ記九章一一節

困惑感は、「私には、いかに生くべきかを教えてくれるような神は必要ではない。会堂や教会に行かなくても、私は立派な人間なのだ」という非宗教的タイプの人の持つ自信と対照されるかもしれません。宗教的な人ならば、「私は立派な人間である」などとは決して言えないでしょうし、自分の行為に満足するどころか、日に三度、「父よ、私をおゆるし下さい。罪を犯しました」と祈るでしょう。

自分自身の矮小さ、偏見、妬み、自惚(うぬぼ)れに決して困惑を覚えず、生命を冒瀆することに困惑を覚えないような人を、私は恐れます。荘厳さで満たされている世界が、お祭り騒ぎに変えられてしまいました。世界中至るところに貧困層居住地があり、病気や飢えがあるのに、ラスヴェガスではもっと豪華なホテルを建築中です。社会力学も倫理的責任感の代わりにはなりません。

自分の知恵に絶対的自信を持っている人々によって、また、この世のものはみな水晶のように明瞭であると思い、その心に神秘とか不安が分からないような人々によって支配される社会を考えると、私はぞっとします。

この世が求めているものは困惑感なのです。近代人は貧困と病気を征服するために権力と富を持っていますが、疑いを征服するための知恵は持っていません。私たちは実存の意味を誤解するという罪を犯し、目標を歪曲し魂に偽って語るという罪を犯しています。私たちは、自分たちで主張している以上のものであり、自分たちの理論が主張している以上に複雑で深淵なものです。私たちの思惟は時代に遅れているのです。

何が人間で在ることの真実でしょうか。それは思い上がりの欠乏であり、愚鈍さと近視眼と無力との容認です。しかし、真実はまた高揚すること、戦うことを要求しています。なぜなら、その目標が私たちの内にも、また、私たちを超えたところにもあるからです。人間で在ることの真実とは感謝の念です。その秘密は感謝することにあります。

称　賛

人間で在ることの力は、甚だしい瑣末主義の流れの中で容易に分解してしまいます。陳腐と平凡とは反復がもたらした副産物であり、意義ある存在感[訳注10]を窒息させ蝕みます。日常性の中に沈没してしまうと、人間はすべての時間を同じように取り扱いだします。昼間はくすんで褐色となり、夜は絶望の無力さの中で反抗します。すべての瞬間がむなしく、すべての時間が生気のないものとなります。そこには驚異も賛美もありません。残されたものは幻滅、人間で在ることの崩壊です。

人は日常性を出来事（イヴェンツ）[訳注11]として経験するために、どのようにして人間の力が排除されるのを防いだらよいでしょうか。人間存在を単に居あわせているような存在に薄めてしまう圧力を、一体どのようにして弱めたらよいでしょうか。

出来事と驚き[訳注12]の感覚とは、現実と真正な意識の真髄に内在しているばかりではなく、人間実存についての誤解が生じる点でもあります。問題は出来事がどこにあり、何が驚きであるかではなくて、いかにして決まりきった日常性という見せかけを看破し、いかにして慣れ慣れしさという虚偽を論駁するかです。退屈は精神的病気で伝染性があり死に至らしめるものですが、治癒できるものです。

　自己は常に無名性の中に沈没し、物体化するという危険にさらされています。称賛とは瞬間の特異性を熟視し、自己のかけがえのなさを高めることです。過去に存在したものは再び存在はしないでしょう。

　天地創造に関する聖書の言葉は、情報(インフォメーション)の言葉ではなく感謝(アプリシエーション)〔訳注13〕の言葉です。創造の物語はいかにしてこの世が生じたかの記述ではなく、いかにしてこの世が存在するようになったかの栄光についての賛歌です。「神はこれを見て、良しとされた」(創世記一章二五節)。このこと、すなわち神の視線と私たちの経験とを和解させることこそが挑戦(チャレンジ)〔訳注14〕です。

　しかしながら、私たちは借りものの観念によって生き、過去の知覚作用に依存し、惰性の上で

〔訳注10〕意義ある存在感については、第四章の「意味の次元」参照。

〔訳注11〕出来事については、第三章の「推移変遷(プロセス)と出来事(イヴェンツ)」参照。

〔訳注12〕驚きについては、第一章の「人間への関心」参照。

〔訳注13〕感謝については、第五章の「操作(マニピュレーション)と感謝(アプリシエーション)」参照。

〔訳注14〕挑戦(チャレンジ)については、第六章の「この世で挑戦(チャレンジ)を受けること」参照。

繁栄し、気晴らしを楽しんでいます。洞察とは緊張であり、私たちは何度も、また永遠にその緊張を避けているのです。聖書の宗教において理解されているように、要求とは起こっている事柄に注意を怠らず開かれていることです。存在しているものとは生じ起こるものです。すべての瞬間が新しく到着し、新しい授かりものです。どのようにしてこの瞬間を迎えるのでしょうか。どのようにして驚きに反応するのでしょうか。

根本的な罪は、瞬間の荘厳さ、存在に対する驚異と神秘[訳注15]、無言で称賛できる可能性などを感知できないことにあります。

精神的生活の秘密は賛美する力にあります。賛美は愛を収穫することです。賛美は信仰に先立ちます。まず歌い、そして信じるのです。根本的課題は信仰ではなく感受性と賛美であり、それが信仰への準備となります。

神への畏れに圧倒されることは感情を楽しませることではなく、すべての存在に行きわたっている精神を分かちあうことです。「神のような存在者は他にはいないと言って、人はみな感謝し賛美します」が、個人的認識行為としては、私たちの賛美は空しいものでしょう。それが意味深いのは、永遠の賛歌に加わる行為としてのみであります。私たちは、驚きのあまり茫然自失して石化した路傍の小石と一緒になって讃え、また、あたかも無言の献身の中で魅せられたかのように動かないすべての花木と一緒になって讃えるのです。

人間であることは、感謝を表現する能力だけではなく、感謝する能力をも包含しています。数千年にわたって、真正な実存には操作と感謝、[訳注16]利用と称賛、労働と崇拝が共に含まれていました。原始社会ではそれらは相互依存的でしたし、聖書の宗教では相互に密接な関係を持っていました。しかし、今日では私たちは異なる状況に直面しています。

人間は言うに言われない感覚[訳注17]を失うかもしれません。生きていることはありふれたことです。根本的な驚きの感覚は失くなってしまいました。この世は親しみ深いものとなったのに、その親しさが歓喜も感謝の念ももたらしてくれません。称賛する能力を奪われ、近代人はやむなく慰めを探さなければなりません。すなわち、慰めが強制的なものとなってきているのです。

現代人は称賛する能力を失いつつあります。称賛しないで楽しみもてなされることを求めてい

〔訳注15〕神秘については、第四章の「神秘の彼方にある意味」参照。
〔訳注16〕〔13〕に同じ。
〔訳注17〕言うに言われない感覚については、第五章の「言うに言えないことの感覚」参照。

ます。称賛とは積極的行為であり、尊敬や感謝の気持ちを表現する行為です。もてなされるということは受動的状態です――それは面白い行為とか見せ物などによって与えられる喜びを受け入れることです。もてなすこととは気をそらすこと、精神の注意力を散漫にして、専念している日々の生活から目をそらすことです。称賛とは対峙すること、自分の行為の超越的意味に注意を払うことです。

称賛とは人間が求め栄光を与えるものに対する尊敬、敬意を表現する行為です。近代的語法では、この語は歌、叫び、演説、祝宴などの歓喜とお祭りの表示、しばしば公的な表示を暗示しています。しかし私が言いたいのは、目に見える儀式とか公的な表示ではなく、精神的形態を日々の行為に与える内的感謝のことです。その本質は、崇高にして荘厳な生の位相に対する注意を喚起し、消費という限界を凌駕してゆくことです。

称賛することとは大きな喜びを分かちあい、永遠のドラマに参加することです。消費行為の意図は私たち自身の自我を喜ばせることです。称賛行為の意図は、霊であり祝福の根源である神をほめ讃えることです。

知識の目的とは何でしょうか。知識の目的は世界を利用することであると信ずるように、私たちは条件づけられています。知識の目的は神を称賛するためにもある、ということを忘れています。神は現在もし不在もします。称賛することは、神の不在の中に隠されている神の現在に呼びかけることです。

知性は理性的な一貫性を探究し、魂は称賛を追求します。知識とは称賛です。真理とは物事の思惟の均衡以上のものです。真理は物事と思惟を超越し結びつけます。真理とは超越性であり、それが内包しているものは誠実さです。

負債感〔訳注18〕にとって、実存の意味は相互関係の中にあります。喜びを受ける時、祈りを返さなければなりません。成功を得る時、憐れみの思いを発します。世界は単に開発のための材料ではありませんん。私たちには称賛する能力があるゆえに、消費する権利があるのです。

負債は本質的な実存要因であるので、称賛できないことは破産のしるしであり、実存的負債を支払うことのできないしるしです。

真剣さ、荘厳、崇敬が伴わない称賛はありません。

私たちは感謝する力を失いつつあります。賛美する能力を失いつつあります。感謝のない称賛

〔訳注18〕　負債感については、第六章の「負債のあること」参照。

は、わざとらしい非人格的な儀式です。私たちの力の再生は、忘れ去られた資源を再び用い始める能力にかかっています。

実存の意味は歓喜の瞬間に感じられます。人間は地上で生きるために、頂上を求めて戦わなければなりません。その規準は自分の行動よりも高い水準にあり、その目標は自分の欲望を超えたところになければなりません。実存の保証は、実存を歓喜するところにあります。

静かなる歓喜があり、称賛する能力があることが、人間で在ることの報酬です。このことは、ラビ・アキバ〔訳注19〕が自分の弟子たちに与えた次の言葉の中で表現されています。

日ごとに歌い、
日ごとに歌え。

究極的意味の中で心の錨(いかり)を追求している人間は、遭難船に乗って奈落の底でうたた寝しながら宮殿の夢を見ているような人の状態から、はるか遠く離れたところにいるのです。そのような人は十分熟練しているにもかかわらず、自分の目的地を思い出せないために、その方向を見失ってしまった人のようなものです。不安の中にある人間は、いわば使命を忘れた使者のようなものです。

聖書がこの世に神についての新しい概念をもたらしたということは、一般に認められている事実です。しかし、認識されていないことは、聖書がこの世に人間についての新しい幻(ヴィジョン)をもたらしたということです。聖書は神に関する書ではなく、人間に関する書です。

聖書の視点から見れば次のように言えるでしょう。人間とは誰か。それは神の夢と計画とに苦しみを覚える存在であり、贖(あがな)われた世界と和解した天地の夢を見る神の夢に、また、神の知恵、正義、憐れみを反映して本当の神の姿に似せて造られるような人類の夢を見る神の夢に、苦しみを覚える存在です。神の夢は、不断の創造のドラマの中で、孤独なものではなく、パートナーとしての人類が居るのです。私たちが行なうすべての行為によって、私たちが遂行するすべての行動によって、私たちは贖(あがな)いのドラマを進行させるのか妨害するのか、すなわち、悪の力を減退させるのか増大させるのか、どちらかを行なっているのです。

〔訳注19〕　ラビ・アキバは、一三五年頃没したユダヤ教の偉大な教師。タルムードの中心本文たるミシュナの部分を現在の形にする基礎を置いた。

訳者あとがき

「人間で在ること」の論理を追求するこの書の著者アブラハム・ヨシュア・ヘッシェルは日本では一般にあまり知られていないが、現代が生んだ秀れた哲学者、神学者である。その根底にユダヤ教の豊かな信仰と学問的叡知をそなえた偉大な思想家であり、二十世紀に叫ぶ預言者である。

ヘッシェルはハシディズム運動の家系を背景として、きわめてユダヤ教的知識と教養に満ちた環境の中で一九〇七年、ポーランドのワルシャワに生まれた。ハシディズム運動（ヘブライ語「ハシド」は「敬虔な、献身的な」の意）とは、バール・シェム・トブ（一六九九―一七六一年）によって起こされた宗教的社会運動である。彼は学問の有無にかかわらず全能者の前では万人は平等であること、心の純潔は学問に優ること、祈りを捧げ戒めを守ることの重要性を強調し、学問、ドグマ、儀式よりも敬虔、礼拝、瞑想を重んじた。この運動は十八世紀中頃、精神的にも経済的にも抑圧されて絶望の淵に沈んでいたポーランド南東部在住のユダヤ人の間に燎原の火のごとくにひろがり、百年もたたないうちにヨーロッパ、パレスチナ、アメリカに多くの支持者を得るようになった。そして、豊かな信仰と非常な楽天主義、深い恍惚感とによってあらゆる階級のユダヤ人の宗教感情と想像力を刺激し、ユダヤ人の宗教的文化的生活を鼓舞した神秘的宗教運動となった。

このような環境で生まれたヘッシェルは、十代でラビ文学、タルムード、ユダヤ教的神秘主義、カッバーラー（ユダヤ教の神秘的伝承）に親しみ、二十代にはベルリン大学とユダヤ教学院で学び、セム学と哲学に親しみ、やがてユダヤ教学院のタルムードの講師に迎えられ、『マイモニデス』（一九三五年）を公にする。ベルリン大学で学位を取った後、一九三七年にはマルティン・ブーバーによって、ユダヤ教の成人教育の中心的組織およびユダヤ教研究所におけるブーバーの後継者に任命される。しかし、かの恐るべきナチの迫害により一九三八年ここを追放され、ロンドンに渡ってユダヤ教学研究所を開設する。一九四〇年、アメリカのシンシナティのヒブル・ユニオン・カレッジに招かれ、そこで五年間哲学とラビ文学を教え、一九四五年、ニューヨークのジューイッシュ・テオロジカル・セミナリーの教授としてユダヤ教倫理、神秘主義を講じ、その後、新ハシディズムの傾向を濃厚に示した多くの著作を著し、一九七二年永眠。著書には、*Between God and Man, God in Search of Man, The Insecurity of Freedom, Man is Not Alone, Man's Quest for God, A Passion for Truth, Prophets, The Sabbath, Theology of Ancient Judaism, Who Is Man?* など多数ある。

本訳は、一九六三年五月、スタンフォード大学で行なわれたレイモンド・フレッド・ウェスト記念講演会での講演を土台として書かれた *Who Is Man?* の全訳で、彼はここにおいて、人間の本性と役割、「人間で在ること」の状況と意味を鋭く問いかけている。「人間とは何か」「人間とは何者か」(「何」という疑問詞は物に対しても人に対しても用いられる)という月並みの問いかけではなく、「人間とは誰か」(「誰」という疑問詞は人に対してのみ用いられる)という独特な問いを提示するヘッシェルの追究は、我々に今さらのように、人間の神秘と不可思議さに対する大きな驚異と新鮮な視角とを与えてくれる。人間の状況は、単なる「人間存在」ではなく「人間で在ること」のアイデンティティを求めることにあり、「人間で在ること」の論理と意味は、たえず死の恐怖に閉じ込められながらも「神との同時代人」であり、かつ、問題体(プロブレム)として存在している我々が応えなければならない一つの挑戦状であると語りかけてくる。

浅学なものにこの翻訳をすすめてくださった青山学院大学西村俊昭助教授(当時)の御推薦がなかったなら、今日このような形で世に出ることもなかったであろう。深い謝意を表します。なお、日本でヘッシェルを紹介した文に、船水衛司教授(当時)の「アブラハム・ヨシュア・ヘシェルの神——神のパトス」(『神学』36・37号、東京神学大学神学会、一九七五年)があり、右のヘッシェル紹介も、同教授の文に一部負うており、ここに謝意を表します。木田献一氏はじめ、数々の有益な助言をいただいた人々、および教団出版局の柴崎聰氏、井関頌司氏、そして新版に際しては秦一紀氏に謝意を表します。いまだヘッシェルの思想を十分に訳出していず、誤解や不完全な訳文があるのではないかと恐れます。大方のご教示、ご叱正を得られますれば幸いです。

なお、聖書の引用は新共同訳によります。

二〇一五年三月

東林間にて

中村匡克

解説——〈呼ばれて在る生〉の歓び

竹内　裕

アブラハム・ヨシュア・ヘッシェル（一九〇七―一九七二）の著作は、わが国でどれくらい親しまれているのだろう。ユダヤ教学の研究者であれば、古代から中世、近現代のどの時代を専門とするかを問わず、その名前すら知らないという人は稀であろうし、波乱に富んだ生涯と、ユダヤ教神学史におけるヘッシェルの著作の重要性について一定の知識を持ち合わせている場合が多いだろう。とは言え、同時代にあって、ユダヤ教を源泉としながら〈西洋〉に向けて発信し、わが国でもまた広く迎えられた思想家に、「我―汝」の対話哲学のマルティン・ブーバー（一八七八―一九六五）や、「顔」の他者論のエマニュエル・レヴィナス（一九〇六―一九九五）がいるが、彼らに比して、ヘッシェルの著作とその思想はこれまで十分に注目されることがなかったと言える。主たる著作の邦訳がほぼ揃い（ヘブライ語による『古代ユダヤ教神学』全三巻は未訳）、ユダヤ教学が学会や研究会を通じて少しずつ日の目を見始めた昨今において、ヘッシェルの宗教哲学はもっと広範な読者を得てしかるべきだろう。そこで、ヘッシェルの思想の意義や文章の魅力などについて小文を起こし、一聖書学徒の私的な見解ではあるけれど、以下に紹介を試みたく思う。

ヘッシェルの三つの〈知〉

ヘッシェルの著作に初めて触れたのがいつだったか、はっきりとした記憶がある。大学院での研究を開始し、ヘブライ語聖書を創世記から少しずつ読み始め、その言葉の響きに魅了されながら、何とはなしに一見ぶっきらぼうな物語の筋の運びに突き放されながら、自分が理解したことと理解を超えることのいずれも未だ言葉にできずに立ち竦んでいた頃だ。聖書に齧りついていながら、聖書についてまったく満足に語ることのできない私に恩師が紹介してくださったのが、刊行されて未だ三年と経たない、ヘッシェルの『イスラエル預言者』上下巻の翻訳（森泉弘次訳、教文館、一九九二年）であった。今から二十年前の、ちょうど今日のように新芽が柔らかい葉になり、涼しい朝の雨に濡れた木々の幹の黒さと美しいコントラストをみせる季節であった。

――このようにして聖書を読めばいいのか、いや、読むことができるのか。預言者の言葉を自在に引きながら、聖書的人間の核心に迫り、その意義に鋭く切り込んでいくヘッシェルの生き生きとした文章に、まず感嘆し、そして少しの間は打ちのめされ、やがて、自分も拙いながらそのつど総力を傾けて学び取ったことを聖書に向かって「こう受け止めましたがどうでしょうか」と投げ返し、またその谺に聴くことを繰り返していったらよいのではないか、いや、ともかくそうして一歩一歩進むより他ない、と胸の中のもやもやした霧が一たび晴れていったことを思い返す。

その頃の大学院では、「知」という言葉がやたらに飛び交っていたが、器用さや素早さや要領の良さに類するかに映るそうした「知」を私はあまり羨ましいとは思わず、何となく醒めた視線で眺めていたが、ヘッシェルとヘッシェルを勧めて下さった恩師の知性がそれとは違う趣であることにひそかに喜んでいた。ユダヤ教で言う〈知〉は、大きく三種に区別することができる。すなわち、ホフマー、ビナー、ダアットで、それぞれ、日本語の知恵、知性（分別）、知識の区別に大まかには対応すると言えるだろうか（ちなみに、今日のハシディズムの最大のグループと言われるハバッドの名称はこの三語の頭文字、ヘット、ベット、ダレト、を連ねて発音したものである）。本書においてヘッシェルが発揮している、人間が人間たることへの深い洞察を可能にする知恵と、それを淀みない言葉で明瞭に彫琢する知力と、また西欧の哲学伝統をも自家薬籠中の物とした確かな知見には、これらの三つが優れた均衡で同居しているさまを見る気がする。ヘッシェルが傑出した思想家であり、その著作がそれに一たび触れた読者をつよく魅了して離さないのは、畏れを知る人間としての豊かな経験によって陶冶された人格と、厳しい学問的理性の練磨と、長い探究によって培われた該博な知識のいずれにおいても、ヘッシェルが一流の人であったことから来るのではないだろうか。

ヘッシェルの文章の冴え

次に、ヘッシェルの文章が持つ曰く言い難い魅力についても一言記しておきたい。その後に、本書の主題やその源泉となっているユダヤ教との関わりについて述べることにしよう。

本書の英語原著は、筆者の手元にあるペーパーバック版で前書きを含め百二十頁、と小著と呼んでいい分量の本だが、そのほとんどが平易な語彙と短めのあっさりとした構文を用いながら記されている。講演の原稿を元にしていることのみにそれを帰するのはおそらく正鵠を射ない。ほぼ同量の *The Sabbath: Its Meaning for Modern Man* は散文詩というにふさわしい格調高い一冊だが、語彙も構文もやはり平易である。*God in Search of Man: A Philosophy of Judaism* はどっしりとした哲学的大著だが、平明な文章の積み重ねであることに変わりはない。大学院時代に様々な色の線を引きながら読んだ原書が手元にあり、両書からたまたま開いたところの短い一節を一つずつ引いてみよう。

The Law of the Sabbath tries to direct the body and the mind to the dimension of the holy. It tries to teach us that man stands not only in a relation to nature but in a relation also to the creator of nature.

(*The Sabbath*, p. 75)

［安息日についての律法は、〔それに従う者の〕体と心を聖なるものの次元へと導こうとする。そして私たちに、人は自然との関係のみならず、自然の創造者との関係のうちにあることを悟らせようとする。］

The soul is endowed with a sense of indebtedness, and wonder, awe, and fear unlock that sense of indebtedness. Wonder is the state of our being asked…What gives birth to religion is not intellectual curiosity but the fact and experience of our being asked. (*God in Search of Man*, p. 112)

［魂は、自分は何かに債務を負っているという感覚を授けられており、驚き、畏まり、恐れは、この負債の感覚への鍵を開く。驚きとはすなわち、私たちから何かが求められているという状態のことであり……宗教を生み出すのは、知的好奇心ではなく、私たちが求められているという事実を知りそれを経験することから始まる。］

どちらの引用も本書の人間論と響き合うところを持つ含蓄に富む言葉だと思うが、並行法や対位法を効果的に用いて、――「導こうとする」と「悟らせようとする」、「自然との関係」と「自然の創造者との関係」、「知的好奇心」と「求められていることの事実と経験」――、きわめて簡素で平明でありながら、照りのある冴えた文章で綴られていると言っていいだろう（筆者がここに掲げた、英語との対応を意識した英文和訳は、畏怖すべき翻訳家柳瀬尚紀氏の比喩を借りるなら、眉間に皺を寄せて楽譜を眺めつつ、つっかえながら弾いている初心者の演奏のようなもので、日本語として独立した翻訳たるには、何度もこれを解して、簡潔でありながら流れと力強さを持つ英文に見劣りしない日本語に仕立てていかねばならず、それは愉しくなくはないだろうが、心底骨の折れる作業である）。そして、確信に満ちた簡潔さは、アフォリズムに結晶していく。これが『ミシュネー・トーラー』の著者マイモニデスに学んだヘッシェルの文体であり語り口なのだと思う。同時代の傑出したユダヤ教思想家として迎えられている、前出のブーバーやレヴィナスの文章がときとしてかなり晦渋であることで知られているのとは対照的である。

ポーランドのワルシャワ生まれでイディッシュ語を母語としていたヘッシェルにとっては英語が非母語であるため、その不如意からこうした特徴が生じた、と考えるのは大きな誤りだろう。ヘッシェルに親しく学んだニューヨーク・ユダヤ教神学校教授フリッツ・A・ロスチャイルド氏によれば、ヘッシェルは「手をつけた言語はなんであれ、並々ならぬ文体で書くことができた稀有の書き手のひとりであった。英語、ドイツ語、ヘブライ語、イディッシュ語、そのいずれにおいてもすぐれた書き手であった」という（「序説――ヘッシェルの生涯と思想」、『神と人間のあいだ』森泉弘次・末松こずえ共訳、教文館、二〇〇四年所収、一二一―一二三頁）。

そうして、これは主観的な印象かもしれないが、ヘッシェルの文章には、彼が見つめていた時代の危機や抱いていた人間社会に対する憂慮にも拘わらず、一種独特の明るさがある。それは、底の浅い軽くちかちかした明るさではない。彼の書物の頁から放たれているのは、重いながらも確かな生の手応えに裏打ちされた厚みを帯びた光であるように感じる。ナチスによってフランクフルトを追放され、すんでのところでワルシャワを脱出し、そうして移り住んだニューヨークでは同胞からの冷遇に甘んじたと伝えられるヘッシェルが、人間不信に陥ることなく、自らの務めを知って倦むことなく歩み続けた人であったことと、彼の文章が湛える深みのある光とは無関係ではないように思われてならない。

本書は翻訳であり、人間がその人間性を生きることの深い襞を語るヘッシェルの磨き上げられた詩的な文章を、その音楽的な韻律を活かしつつ翻訳することは誰にとっても容易な業ではないだろう。しかしながら、翻訳というものが訳出する先の言語の特徴とその使い手の言語感覚の影響下にあるのと同時に、翻訳する言語とその使い手の選ぶ言葉もまた原典の言語の息遣いや思索の躍動の影響下にあるはずである。その香気を湛えた言葉の輝きは本書のそこここに認めることができると筆者は信じるものである。

ヘッシェルとユダヤ教

ヘッシェルの思想を育んだ宗教的環境の概要については、ハシディズムと呼びならわされる敬虔主義の名門の家系に生まれ、幼少の頃から正統のユダヤ教教育を受けたことを含め、本書の「訳者あとがき」に手短にまとめられているから、ここでは繰り返さない。もう少し詳しいところでは、『神と人間のあいだ』（前掲）の編者フリッツ・A・ロスチャイルド氏による同書の「序説――ヘッシェルの生涯と思想」のなかのI章に簡潔な伝記的記述が、そして、ヘッシェルの著作を多く訳されてきた森泉弘次氏による本格的評伝『幸せが猟犬のように追いかけてくる――A・J・ヘッシェルの生涯と思想』（教文館、二〇〇一年）の最初の五章にはさらに細かくヘッシェルが呼吸していた当時のユダヤ教の様子が描かれており、巻末に付された略年譜も参考になるので、それらを参照されたい。

本書との関連で触れておくべきことがあるとすれば、それはむしろユダヤ教の聖典や教義から取られた語彙が思いの外に少ないことだろう。神という語さえ、書物の後半までほとんど顔を出さない。もちろん、安息日や預言の核心について語ることや、サアディヤやマイモニデスといった中世のユダヤ教の法学者・哲学者について記すのと、本書のような主題をめぐる著作とでは、叙述の性格が異なるのは言うまでもない。それにしても、ユダヤ教の正統の古典教育を受け、ユダヤ教神学校の教授として招聘を受けて教鞭を執った一人の思想家の人間論としてはいかにもユダヤ教の色彩が淡いように、はじめは感じられるのではないだろうか。

外的な理由としては、本書がスタンフォード大学で行われたレイモンド・フレッド・ウェスト記念講演会における講演の記録を元にしていることが挙げられるだろう。同大学のこの記念講演シリーズは、「魂の不滅と人間の行為と運命」(*Immortality, Human Conduct, and Human Destiny*)なる広い構えで、これらに関連する主題についての議論が活発に行われることを促す目的で創設されたとのことであり、特定の信条を前提とせず、聴衆の宗教的背景も多様であることから、自ずとヘブライ語聖書からの引用や、ユダヤ教固有の概念を用いて語ることを少し控えたのだろうと想像される。また、講演が行われた一九六三年と言えば、ヘッシェルが渡米後二十余年を経て、著作と教育に加えて、公民権運動や、在ソ連ユダヤ人の信仰の自由を擁護する運動や、ベトナム反戦運動といった、公的な市民運動との関わりを強くしていく最初の時期に当たり、自身が教鞭を執るニューヨークのユダヤ教神学校から、さらにユダヤ教の外部へとヘッシェルが声を届かせていく時期の講演であったことも関係しているのかもしれない。

これは、別の見方をすれば、そうした語彙や概念に大きく拠らずとも、ヘッシェルが自身の思想を表現し得た、という風に取ることもできるだろう。しかし、このことは、ヘッシェルが長い鍛錬と思索によって練り上げた本書の哲学が、ユダヤ教の古典をさほど源泉としていないということにはもちろんならない。

本書のヘッシェルにもまた、おそらくは二重の意味において、〈ユダヤ的〉な思想家の資質を見出すことができるだろう。

「聖書的思惟」（本書一二〇、一二九頁、以下それと断りのない引用はすべて本書より）、「聖書的研究方法」（一二〇頁）、「聖書的人間」（一二三頁）、「聖書的精神」（同）、「聖書の宗教に本質的なこと」（一三〇頁）と、本書の後半においては、ヘッシェル自身が彼の思想の源に聖書があることを繰り返し明らかにしている。はっきりそのような断りをして述べていない箇所でも、生命が人間の所有に帰されないこと（八八頁）、人間が意味探究を切望するのではなく、意味に方向づけられた生にすでに受動的に巻き込まれていること（一〇二頁）、無限な意味は理解の対象として明晰性の裡にあるのではなく、理解へと人を促そうとする畏怖すべき出会いであるとすること

（一三五頁）などは、聖書の生命観、神の主導性、神の超越性および人格性に淵源する思想であるといってよい。さらには、神に命令されるがゆえにわれ在り（一八九頁）とする本書の中心主題が、ギリシャ的な英雄と対照をなす、〈しもべ〉を範型とするヘブライの人間観と一致することもまた疑い得ない。

聖書の文言を念頭に置いたと見られる言葉がときにヘッシェル自身の文章のなかにさりげなく溶け込んでいる例も散見される。「実在の本当の意味は……顔と顔を向き合って出会うこと」（二〇九頁）は、申命記三四章一〇節の「主が顔と顔を合わせて彼（モーセ）を選び出された」を、「私は無から出たのだから無に帰ろう」（一二一頁）は、ヨブ記一章二一節の「わたしは裸で母の胎を出た。裸でそこに帰ろう」を、「知恵の始まりは畏敬の念です」（一五一頁）は箴言一章七節の「主を畏れることは知恵の初め」を、それぞれ念頭に置いた表現とみられる。これらは、聖書の文言にすでに十代前半に通暁していたヘッシェルらしい、時宜を得た聖書的語法の使用といえるだろう。

聖書以外のユダヤ教の源泉との響き合いに関しても、いくつか挙げておきたい。第五章の「現存在」と題された項で、イザヤ書の召命の件（くだり）に準えて述べられるその「現存在」（presence）は、一読して、ハイデッガーの「現存在」（Dasein）の謂いではなく、ユダヤ教の「シェヒナー」（臨在）ときわめて類似していることに気付く。他に、世界中の被造物が神の栄光に向かっていてその周囲には霊気が漂っている、との世界観の表明があちこちでなされているが、これには汎神論的なハシディズムの教説に近接するところが窺われるし、「私たちの務めは神の関心と一致すること」（一三〇頁）や「人間の本当の達成成就は、自己を超えるものとの霊的交渉（communion）」（一四八頁）といった文言は、またハシディズムの「デヴェクート」（〔神との〕一致）を思わせる。さらに、「世界を生ぜしめるために、神は御自身の現存在を隠さなければなりませんでした」（一五五頁）とは、カバラーにおける神の「ツィムツム」（収縮）説が直ちに想起される言明である。

もう一つ、これまで述べてきたこととは異なる意味で、この書物のヘッシェルが〈ユダヤ的〉であると考える理由は、いささか逆説めくかもしれないが、神話やパルメニデスなどに代表されるギリシャ的思惟（一二三、一二八頁）や、そこに源泉を持つとされるハイデッガーの「存在論」との対決（一二〇、一六二、一六六頁）や、デカルトの「われ思うゆえにわれ在り」との隔り（一六八、一八九頁）などを通してヘッシェルが自らの人間論を展開するその姿勢にある。ユダヤ教の時代を画する哲学者・思想家の多くは、マイモニデス以来、ヘッシェルと同時代を生きたブーバー、レヴィナス、ソロヴェイチク（一九〇三―一九九三）に至るまで、ギリシャや〈ヨーロッパ〉と対峙し、その対峙している文化圏の言葉と仕組みを用いながら、それとは異なる自己の思惟を表出しようと試みた人々であった。〈ユダヤ的〉であるということは、少なくともヘッシェルの時代までは、ユダヤ教の教義と教典に通暁しているという意味とは別に、それは〈周縁的〉存在であることを意味した。古代においてはアッシリア、バビロニア、エジプトといった列強に対して、以降ヘレニズムとの葛藤、ローマの圧政、ヨーロッパにおける迫害と、つねに強力な〈外部〉との交渉の過程を経ながら自己の思想を精錬していくユダヤの（ひとつの、であり、それがすべてではないが）脈々たる伝統にヘッシェルの著作と思想は位置していると言えるだろう。

そして、ユダヤ教との関連においてもう一点、本書においては前面に出て来ないことがらだが、ヘッシェルはユダヤ教の実践において、例えばブーバーやレヴィナスよりもずっと伝統に近いところに身を置いた人物であったことも指摘しておいてよいだろう。その思想の傾向においてヘッシェルは、支配や所有の主体たる自我の病理への警戒という点においてブーバーと、負債感や責任、受動性の感覚という点でレヴィナスと親近性を持つが、彼らが生きていたユダヤ教の世界はそれぞれにじつは少なからず異なっていたと思われる。個人による宗教伝統遵守の（それも外から見た）程度とその個人の思想の持ち得る意義や価値とは、いつも相関関係にあるとは断言できないので、こう言ってもブーバーやレヴィナスの哲学的業績を貶めることにはならないが、ハシディズムの紹介者としても高名なブーバーがユダヤ教の個々の律法の遵守に消極的であったことはよく知られているし、タルムードの哲学的解釈を行った講解シリーズを公刊しているレヴィナスだが、律法学習を最優先するリトアニアのミトナグディームの伝統に与すると自ら述べながら、意外にもタルムードを本格的に学び始めたのは成年となりパリに居を構えて後にシュシャーニ師の謦咳に接するようになってからのことであったという。ヘッシェルは、ニューヨークのユダヤ教神学校に赴任する前に、シンシナティのヒブルー・ユニオン・カレッジで五年間教職に就いているが、律法遵守を重んじる敬虔主義の中で育ったヘッシェルは同校のリベラリズムには馴染めなかったことが伝えられている。ヘッシェルの（内面を軽視するという意味での宗教的行動主義とは一線を画する）律法への敬意と長い実践に裏打ちされた洞察は、『人間を探し求める神――ユダヤ教の哲学』（森泉弘次訳、教文館、一九九八年、とりわけ第三章）や、『シャバット――安息日の現代的意味』（同、二〇〇二年）に読むことができる。

静かな希望の人間学

最後にヘッシェルの宗教思想の現代における意義についても少し触れておこう。ヘッシェルの著作の放つ輝きは、何をおいても、それが語り出している静かな希望にあるように思う。本書が課題とするのは『人間とは誰か』の表題の示す通り、人間（性）の探究だが、ヘッシェルは、人間とは〈かくいうものなり〉と叙述するに留まらず、むしろ、人間は〈こうなることができる〉という未来の相のもとに人間を捉えようとする。言い換えれば、人間の、それだけを独立して取り出したときの、現状の観察に終始するのではなく、関係付けられた存在者としてどのような可能性に開かれているのかを問う、というのが本書の一貫した立場である。ヘッシェルがみごとな散文詩と言うべき筆運びによって彫琢しているところをたどたどしくパラフレーズしてせっかくの格別の読後感を台無しにしてはならないだろうから、敢えて一言でその希望を表すとすれば、それは人間を超えつつ人間を在らしめている他なる存在者から呼び求められ、その声に聴き入り応答しながら生きる、そうした今から未来へと伸びてゆく可能性、ということになるだろう。

生粋のユダヤ教徒であるヘッシェルにとって、その他なる者とは即、ユダヤ教の神を指すが、その信仰を共有しない読者にとっても、それぞれの、〈私に先んじて、私を在らしめている〉さまざまな〈現存〉がありうるだろう。――「超越性とは信仰の事柄ではありません。それは私たちが真実に面と向かいあった時すぐに出会うものです」（一四五頁）。その声に聴き入ることとは、日毎に出会うできごとに感謝し、歓喜し、その遠くかつ近い声の主に畏まり仕えつつその声と共に働くことであり、未来を拓いていく生を生きることだと、ヘッシェルは私たちを鼓舞して止まない。

なぜ、そうした〈現存〉に〈呼ばれて在る生〉が、辛いくびきではなく、〈歓び〉となり得るかと問われるならば、ヘッシェルはすっとそれに答えて言うだろう。「何かが私に求められているということが、すべての人間の生の中で最も重要な体験です」（一八三頁）。あるいは、「幸福とは必要とされていることの確かさ」（一〇四頁）である、ともヘッシェルは言っている。人間は自己保存および自己拡大の欲求を携えて生きており、それが満たされることに一定の快楽を見出すことは事実である。しかし同時に、その無限の獲得欲に囚われた〈主体的〉生に倦み疲れてもいるのが現代の私たちの生活ではないだろうか。いかに欲求を満たすか、という競争には、波立った心、人に先んじられまいとする慌しさや、けばけばしい妄執が必ずやつきまとうだろう。私が何を得るか、には、際限がない。私には何が求められているのか、を知るには、じつは多くを要しない。欲を少し休ませて周りを見渡すための、簡素で静かな生活があればいい。涼風に揺れる木々の緑を眺め、子どもたちの遊びに興じる伸びやかな歓声や無邪気な頼み事をする愛らしい声に耳を傾け、夜の静寂に目を瞑り星辰の輝きを想像し、古今の正直な心で紡がれた書物のなかに大いなる神秘の痕跡を見て取ればいい。それらは私がこの世にいかに呼び出されて在るかを、あるいはやさしくあるいは衝撃のもとに告げてくれるだろう。――「実在の意味は歓喜の瞬間に感じられます」（二〇〇頁）。ヘッシェルの示す希望には、他なる者の呼び掛けから遮断された欲望機械と化して右往左往する人間の騒がしさがなく、自らの来歴を知る人間の揺るぎのない生が湛える静かな歓びが漂っている。

こうした内容を直接に述べながら次第に熱を帯びていく最終章の第六章にこそ本書の白眉はあると私は感じた。人間とは何かではなく、人間がいかなる生き方に招かれているか、と、問いの所在をたゆたうようにじっくりと限定していく冒頭の第一章から第二章にかけての議論には、少し焦らされるような感を正直抱いたが、それは本書の特異性を明確にするために欠かすことのできない過程であり、おそらくは、即席に結論を急ぐ現代を生きる筆者自身の忙しなさゆえの印象なのだろう。先に述べた通り、ヘッシェルの文章は味読に値する妙なる調べを携え、精読に報いるに十分な深い洞察を伴っている。通読して内容を把握した後に再読する、そのような腰を据えた読み方に能く応え得る書物であると思う。忙しない態度で接することによっては知りえない真実というものが厳然としてあることをもまた、本書は指し示すように思われる。――「宇宙の雄大さを直視しないで、人間はうまく言い逃れています。凝視もせず写真をとり、声を聞きもせずテープに録音するだけです。直視することのできるものを見ていないのです」(一四五頁)。

(たけうち・ゆう＝熊本大学文学部教授)

中村匡克　なかむら・まさかつ

早稲田大学大学院修士課程修了。元工学院大学教授。専門は英文学、比較文学、聖書学。

著訳書　『神が初めに創られたものとは――俳句で読む聖書物語』（日本キリスト教団出版局出版サービス、2011年）、「異邦人ヨブの苦難と実存――旧約聖書文学の世界」（『文学とことば』荒竹出版、1991年）、『リビング・バイブルによるイエスの一生――マルコによる福音書』（編注、吾妻書房、1984年）、『ワードパル英和辞典』（共編著、小学館、2001年）、『英語語義語源辞典』（共著、三省堂、2004年）、『〈英語教育のための文学〉案内事典』（共著、彩流社、1999年）、『ロバート・バーンズ詩集』（国文社、2002年、増補改訂版2009年）、レズリー・アラン・ダンクリング『データで読む英米人名大百科――名前の栄枯盛衰』（南雲堂、1987年）他。

論文　「シェイクスピアにおける宗教的位相――言葉‐人間‐宗教‐ドラマの輪の中で」、「聖書の言語とその概念」、「欽定英訳聖書と新欽定英訳聖書の比較研究」他。

早稲田大学エクステンション・センター、朝日カルチャー・センターその他で「聖書と文学」「英語聖書」を連続講義中。

A. J. ヘッシェル
新版　人間とは誰か

1977年11月30日　初版発行
2015年5月20日　新版初版発行

訳　者　中村匡克
発行所　日本キリスト教団出版局
169‐0051　東京都新宿区西早稲田2丁目3の18
電話・営業03（3204）0422、編集03（3204）0424
http://bp-uccj.jp/

印刷・製本　三松堂印刷

ISBN 978‐4‐8184‐0920‐0　C0016　日キ販
Printed in Japan